MALÉDICTIONS

MARC-ANDRÉ DELPIT

PARIS

[illegible]

[illegible]

[illegible]

1869

LES MALÉDICTIONS.

Bruxelles. — Typ. de Ch. et A. Vanderauwera.

LES
MALÉDICTIONS

PAR

MARC-ANDRÉ DELPIT

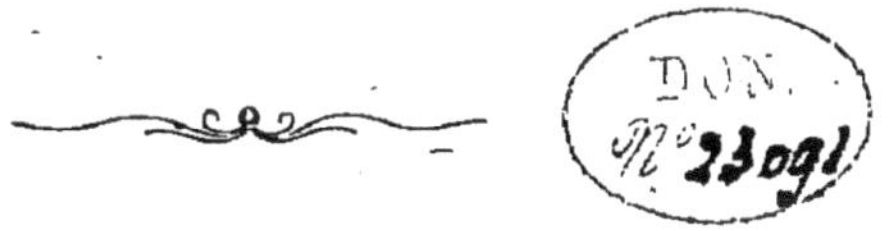

PARIS
LIBRAIRIE DE L. HURTAU
(ANCIENNE MAISON MASGANA)
12, 13, 14, GALERIE DE L'ODÉON
1869

A Edouard Delpit

Mon Cher Frère,

Je me suis dit qu'un nom aimé porterait bonheur à mon premier livre, et j'ai inscrit immédiatement le tien à la première page.

Ton Frère,

M. A. D.

30 mars 1869.

CAUSERIE

I

Je vous demande pardon : mais ce sont des vers.

— Des vers ! en 1869 ? — Mon Dieu, oui.

Je sais bien que certaines gens vont me prendre immédiatement pour un fou : je m'y attends, mais qu'ils se rassurent, ceux-là, je me contenterai de les saluer en passant, — comme des camarades.

— A Dieu ne plaise que je veuille leur imposer la lecture de ce livre !

— D'autant plus qu'il n'a rien de politique, — et qu'il défend la religion et la jeunesse, deux vieilles femmes bien décrépites et bien méprisées par le temps qui court !

— Que voulez-vous ! — On fait ce qu'on peut !

— Comme eut dit *Figaro*, je ne parle dans ces quelques pages, — ni du gouvernement, — ni des ministres, ni de l'Opéra, ni des danseuses, ni de M. Offenbach ou du gendarme Géromé, — enfin de personne qui tienne à quelque chose.

A peine me suis-je permis en passant, d'égratigner

quelques-uns des illustres représentants de notre littérature, — que Dieu ait én sa sainte garde, — s'il existe, pourtant, — comme s'écrie déjà un de ces esprits faibles.

— Or, comme je ne veux pas qu'on me traite d'imbécile avant de m'avoir lu, — ce qui sera vite fait après, — je m'empresse de déclarer que je n'ai pas la présomption de vouloir faire une préface.

— C'est une simple causerie, que j'écris là, — une conversation entre le lecteur bénévole, et un pauvre petit poëtaillon, né d'hier, qui vient poliment saluer son juge avant de monter sur la corde raide. Sans cela, je courrais risque d'être sifflé au sortir de la coulisse, et renvoyé au gymnase où M. About prend des leçons de voltige, — par habitude, car il n'en a guère besoin.

Maintenant que c'est dit, — causons, si vous permettez.

II

Un des maîtres critiques de ce temps-ci, M. Jouvin disait à un jeune homme, — il y a six mois : « On revient aux vers! — Travaillez! »

Pardon, cher maître : on n'y revient pas, — vu qu'on ne les a jamais quittés.

Mais allez donc lire les élucubrations trop bien rimées, de MM. de Banville, Catulle Mendez, Eugène Vermesch, et autres poëtes du même calibre.

Ces messieurs ont tellement pris l'habitude de se promener sur les quais, qu'ils seraient chagrins de ne pas s'y rencontrer tous les jours.

Le premier lecteur qui a payé le droit de s'ennuyer en leur compagnie, a dit au second : ne lisez pas.

Et de lecteurs en lecteurs, ces maîtres rimeurs en sont arrivés à ne plus en avoir un seul.

— Ce qui m'étonne, c'est qu'ils aient trouvé le premier!

— Mais passons.

Là-dessus, est arrivée l'école de M. Baudelaire.

Allez donc être poëte, en ne croyant à rien.

Le poëte est *celui qui crée,* — et ces gens-là nient le créateur!

— Petit à petit, et à force d'être ramassés par des chiffonniers, leurs livres, ont pris ce parfum!

— Alors de s'extasier! — « Comme c'est profond! » — Je crois bien! — Tellement profond que cela en est creux!

— Et le public de laisser dormir chez le libraire, ces empoisonneurs orgueilleux.

— Un seul grand poëte, M. Lecomte de Lisle. — Mais qui n'est pas encore parfait : il croit.

— M. Baudelaire l'aurait méprisé : il est vrai que nous autres qui sommes des enfants, nous avons la faiblesse de l'admirer.

— Voilà d'où est venue l'indifférence du public.

Qu'il attende.

Je crois que la génération qui vient, aura laissé tout son idiotisme aux petits crevés, et gardé pour elle, la force et la foi, sans laquelle, il n'est pas de belles œuvres.

III

On s'est demandé souvent ce qu'avait été Homère? Quelques-uns en ont fait un aveugle errant, d'autres un mythe, ou un nom inventé au hasard, résumant en lui seul, plusieurs grandes personnalités.

— C'était une erreur.

Homère était tout simplement l'Hervé de son époque.

L'Iliade et l'Odyssée étaient de grands opéras-bouffes, que la Grèce accueillait avec un vaste éclat de rire.

Les gracieuses épithètes que nos professeurs nous ont appris à admirer, étaient accompagnées de l'orchestre, par un tremolo de rapsodes qui faisaient pâmer les hommes intelligents de l'époque.

— Un jour, Homère, voulut faire une œuvre sérieuse et enfanta la Bathrochomiomachie.

— O plaisante ironie du sort!

La postérité intervertit l'ordre et fit des opéras-bouffes des chefs-d'œuvre admirables, tandis que le poëme épique devint une plaisanterie charmante, — comme l'éclat de rire profond de Victor Hugo écrivant le splendide quatrième acte de Ruy-Blas!

— Dans deux mille ans d'ici, quand Molière, Shakespeare et Hugo, brilleront comme des astres à travers l'immensité de l'histoire, un passant attardé découvrant *Chilpéric* et une coquille d'huître sous les buttes Montmartre, s'écriera gravement :

— La mer a passé par là, et voici le poëme épique de la France !

— On donnera des statues à M. Hervé, et un fauteuil d'académicien au passant !

— Il est dans la destinée des poëtes d'être éternellement moqués. — Ne pouvant les imiter, on les insulte.

IV

Donc je viens, pauvre inconnu, vous demander, une heure de votre temps.

Lisez, moquez-vous de moi, si vous le daignez : je me contente de dire :

Cæsar, te morituri salutant!

MARC ANDRÉ DELPIT.

LIVRE PREMIER

LA JEUNESSE

1

LE DAMNÉ.

A ERNEST LAVIGNE.

I

J'étais heureux et fier : je disais : j'ai vingt ans!
Dieu! qu'il est bon de vivre et de se sentir vivre,
Que m'importe l'hiver, je jouis du printemps,
Le monde est comme un vin qui me flatte et m'enivre.
— J'étais fou.
Savez-vous, le métier que j'avais,
Alors, quand je disais tout cela? — Je rêvais!
— J'étais poëte!
— Non, je n'aurais pas pu croire,
Qu'en un temps où la nuit des hommes est si noire,
Où pas un seul rayon ne brille au ciel maudit,
Je n'aurais jamais cru, quand même Dieu l'eût dit,

Qu'il put se rencontrer un mortel assez bête,
Pour s'affubler encor de ce nom de poëte!

— Poëte, Dieu puissant! — Pourquoi pas fou de cour!
Chacun d'eux au mépris ne doit-il pas le jour?
Le fou porte à son cou la marotte qui sonne,
Sur ses lèvres l'esprit étincelle et résonne,
Qu'il est beau! qu'il est gai! sous sa veste en drap bleu
Où brillent çà et là les paillettes de feu!
C'est le fou! — le jouet du roi qui cherche à rire,
Parce qu'il est lassé de voler son empire!

— Le poëte est aussi le fou d'un autre roi
Du monde qui s'en moque et qui n'a plus la foi
De ce public stupide, idiot, — qui s'écoule,
Pendant que dans le cœur du poëte s'écroule
Tout un monde d'espoirs encore inassouvis,
De chemins délaissés aussitôt que suivis,
Sans qu'il puisse savoir quand la gaîté l'inspire,
Ce qu'il y a de pleurs dans son éclat de rire!

— Allons, saute poëte, et prends le balancier!
Tu sais bien, n'est-ce pas, te tordre et te plier?
Prends la corde, c'est bien, et ne perds pas la tête,
Un peu plus de jarret, — allons! saute, poëte!
— Et le poëte saute! Et la foule applaudit!
Et l'on feint de donner un éloge au maudit!
« Vrai, vous êtes charmant! — Quel vers! quelle puissance! »
— Pendant que le pauvre homme au fond de son silence,
Reste, pour déguiser ses pleurs sous sa gaîté,
Calme dans son orgueil et sa sérénité!

— Savez-vous ce qu'il fait alors, cet imbécile?
Il dédaigne! — Vraiment, ce n'est pas difficile
De dédaigner ces gens qui ne comprennent pas
Que son cœur est brisé par d'horribles combats!

Le dédain ? — non vrai dieu, — le mépris, c'est plus juste
Pour tous ces contempteurs de la pensée auguste,
Qui jettent à la face un hideux quolibet,
« Poëte, encore un peu de tes vers, s'il te plaît! »
Cela ne prouve rien qu'un peu trop d'insolence...
— Mais pouvoir mépriser, quelle âcre jouissance!
— Comme je les méprise aussi !
— C'est qu'ils sont fiers,
Ces gens-là, de n'aimer pas même les beaux vers !
« A quoi cela peut-il servir d'être poëte,
» De sentir bouillonner un monde dans sa tête ?
» A quoi cela peut-il servir un tel métier? »

— A quoi sert de souffrir, d'aimer ou de prier ?

II

J'en connais un : il n'est pas plus bête qu'un autre,
Et certe, il aurait pu se poser en apôtre,
Ou bien, rampant beaucoup pour se faire un état,
Être galérien, médecin ou soldat.
Mais comme il se sentait fort et le rein solide,
Comme il était de gloire et de triomphe avide,
Il avait préféré d'être poëte. — « Va,
» Disait l'un, — l'hôpital des histrions est là !
» Poëte? disait l'autre ; — il est fou, ma parole.
» Poëte? que non pas, il veut jouer un rôle!
» Il pose ! il ne sent rien de tout ce qu'il nous dit !
» Est-ce qu'on peut penser les vers que l'on écrit ! »

Et ces voix résonnaient toujours à son oreille,
En tous temps, dans la nuit, le travail et la veille.

« Poëte, saltimbanque, histrion, fou, sauteur! »
— Les mots ne manquaient pas, allez, — à cet acteur,
Qui jouait dans la vie un rôle bien immonde,
Celui, de croire à tout, même aux vertus du monde!
Car il avait cela de commun avec ceux
Qui se sentant bien morts, bien usés et bien vieux,
Feignent de ne plus croire à rien sur cette terre...
— Honnête, aimant le bien, et rien que pour le bien,
L'imbécile croyait à tout, le monde à rien...
— Chacun d'eux était donc sceptique à sa manière.

III

Un beau jour il avait aimé. — Triple niais!

— C'était une charmante et belle jeune fille,
Brune avec des yeux bleus, — comme on n'en vit jamais.
— On lui dit : « Allons donc! Qui? Toi? Tu l'aimerais?
» Un poëte peut-il avoir une famille!
» Une femme t'aimer et te tendre la main? »
Tu n'es qu'un histrion, — va, passe ton chemin!
— Le poëte passa.
— Plus loin, il vit dans l'ombre,
Marcher les yeux au ciel une femme au front sombre.
— « Veux-tu me secourir, » lui dit-il en pleurant?
— Elle se retourna fière comme un tyran.
— « Aider un saltimbanque? — Es-tu fou de le croire!
» Je ne te connais pas, — je m'appelle la gloire! »
— Et le poëte encor passa.
Le cœur usé,
Il marchait devant lui triste et désabusé,
— Enfin il entendit un soir des bruits de fête.
— Il entra. — Mais on rit en voyant le poëte!

— « A-t-il de longs cheveux? — Chante-t-il en bémol?
— » Dis donc? as-tu laissé ta lyre au vestiaire? »
— Le poëte sortit l'œil fixé sur le sol,
Devinant que pour lui, bien loin d'être une mère,
L'existence n'était qu'une marâtre.
Puis,
Détournant son regard, des temps évanouis,
Il suivit lentement le fleuve de ce monde,
Il vit le siècle vil, esclave, brute, immonde,
Son cœur se dessécha, — seul alors — et pour voir,
Jusqu'où l'entraînerait la dure destinée,
Pleurant son existence aux larmes condamnée,
Il regarda du haut de tout son désespoir.

IV

Il vit bien des gens faux et bien des turpitudes,
Des tyrans, des bandits, des femmes sans pudeur,
Des hommes sans courage, ayant pour habitudes,
De rire des niais qui croyaient à l'honneur!
Il vit des êtres vils, n'ayant qu'une espérance,
L'argent, — qu'un seul amour, l'argent, toujours l'argent.
— Il vit le monde enfin, dans son orgueil immense
Fuyant l'autel de Dieu, pour celui de Satan!
Et comme il se sentait devant un tel spectacle,
Irrité, dégoûté — pour tout flétrir d'un coup,
Courbant son front devant le Dieu du tabernacle,
Il voulut se venger, et se venger de tout!
— La tâche était trop rude : il mourut à la peine;
— Au moins, se disait-il, je laisserai ma haine,
Croître plus grande encor dans le cœur d'un vivant...
Puis dans la tombe au moins j'aurai dorénavant

Le respect que l'on doit aux cadavres des hommes...
— Comme il connaissait peu le beau siècle où nous sommes !
— Un soir que je passais à l'heure de minuit,
Près du tertre, où, pensif, il sommeillait sans bruit,
Sur le marbre glacé par la nuit éternelle,
Je vis ces mots écrits : Ci-gît, Polichinelle !

2

UNE BONNE ACTION.

I

La petite avait froid. — Figurez-vous : quinze ans,
Des yeux noirs, — des cheveux blonds, — la bouche petite,
L'air distingué, — sans doute une enfant d'artisans
Que le syndic du coin avait mis en faillite.
— Elle vendait des fleurs pour vivre, — mais souvent,
Elle rentrait plus pauvre et plus triste qu'avant :
— Le monde avait passé sans voir son étalage,
— Et la petite avait faim : c'était de son âge.

Pourtant, je trouve drôle, et je ne comprends pas,
Qu'au temps où le progrès s'avance à si grands pas,
— Au dix-neuvième siècle, — on puisse se permettre,
Quand on n'a sous la dent pas de pain à se mettre,
D'avoir faim, d'avoir soif, — alors qu'à son côté,
Passent des gens repus de luxe et de gaîté.
— Cela choque, — et vraiment nos magistrats intègres,
Devraient bien déporter pour vivre avec les nègres,
Ces gens qui n'ayant rien ne peuvent pas manger.
— Après dîner, cela fait mal de s'affliger.
— Mais ce n'est qu'un abus au milieu de cent autres,

2

— Passons.
Donc elle avait froid. — C'est bien naturel.
— Certe, on lui promettait de demander au ciel
Son bonheur au moyen de quelques patenôtres,
— On donnait sa prière, oh ! bien facilement,
— Mais on ne voulait pas lui prêter son argent.

— Sa mère qui venait de mourir, était sage.
— On l'avait enterrée, un jour, — je ne sais où,
Sans qu'un prêtre bénit sa mort, comme d'usage,
A côté d'un forçat, d'une fille, et d'un fou,
— Dans la fosse commune !
— Oh ! certes rien n'est sombre,
Comme ce trou béant, où sont, dans la grande ombre,
Enfermés les corps morts, tout pêle-mêle, — au fond,
— Ne laissant derrière eux, — plus rien ! — pas même un nom !
— Elle, elle avait laissé sa fille.
— Vers l'automne,
La petite courait prier sur le tombeau,
— Sur la terre, — une mère, elle aussi, — qui nous donne,
Les fleurs, — et ne prend pas d'argent pour son cadeau.
— Alors elle eut l'idée, en faisant sa prière,
Quoiqu'elle eut trépassé, de vivre de sa mère ;
— Elle prit sur le sol les fleurs qu'elle y voyait,
Et la remercia de ce qu'elle envoyait.
— Des violettes !
Puis elle alla par la ville,
Les vendre pour manger.
C'était bien difficile ;
— Les violettes sont toujours à bon marché ;
— Mais quand, ses fleurs en main, elle eut longtemps marché,
Lasse, et n'ayant gagné qu'un sou, sur une borne
Elle s'assit, laissant errer son regard morne
Sur tout ce qui passait, joyeux, à son côté.
— C'étaient des jeunes gens d'une folle gaîté

— Ils étaient trois, sortant d'une orgie, — et leur bourse,
Résonnait dans leur poche au milieu de leur course.
— Ces enfants qui rentraient chez eux n'avaient plus faim,
Et ne comprenaient pas qu'on pût manquer de pain.

II

Ils avaient quelque part une sœur, une mère,
Et qui sait? une femme encor, qui les aimait,
Et nul ne se sentit ému de la misère
De cette pauvre enfant qui si près d'eux dormait.
— C'était un beau tableau que cette jeune tête,
Penchée, avec des airs d'innocence inquiète,
Car l'on voyait encor sur sa joue, — un sillon,
Que les larmes avaient creusé, — comme un rayon.
L'un d'eux, la transporta dans ses bras, — la pauvrette, —
Dans un hôtel : on prit une chambre proprette,
On alluma du feu dans l'âtre ; — elle dormait.
— On eut dit, à la voir ainsi, qu'elle rêvait,
Qui sait? d'amour, de joie, et de bonheur, peut-être!
— Mais bientôt sur ses traits cernés, on vit paraître,
Un long frémissement, — un frisson de douleur,
Et passant sur son front sa main, avec douceur,
Elle dit, — regardant autour d'elle avec crainte,
« Maman! maman! j'ai faim!
— O maternité sainte!
O sublime pensée, éclose en un instant
Avec une douleur dans cette âme d'enfant!
— Elle a faim! — Elle appelle et demande sa mère!
— Eux, riaient.—
L'un d'eux, dit:—« Voyons, qu'allons-nous faire,
De cette jeune fille? »
— On ne répondit pas.

— « Croyez-moi, reprit-il : — guidons ses premiers pas,
» Dans le chemin qui mène au bonheur pour la femme :
» Le luxe et le plaisir n'ont rien de bien infâme,
» Alors qu'ils sont suivis par l'or et la beauté,
» Ces ministres divins du grand dieu : — Volupté! —
» Faisons d'elle une fille aux brillantes toilettes,
» Qui marche chaque jour de conquêtes en conquêtes!
» Une Ninon nouvelle avec air naïf,
» Et ce qui ne nuit pas, un grand œil noir, pensif :
» Aspasie a passé : vive l'autre Aspasie!
» Voilà qu'elle est l'unique et seule poésie! »
— Un autre dit :
— « Pourquoi la conduire aussi loin ;
— » Mettons-la pour toujours à l'abri du besoin,
» Faisons d'elle une artiste, et que l'Europe apprenne,
» Que l'art et le théâtre ont conquis une reine!
» Petite! chante nous quelque chose, à présent!

— » L'enfant, qui regardait, pleura, tout doucement.

— » Schneider pleurant? Jamais! — Donc cela te condamne,
» Dit le premier : — faisons d'elle une courtisane!
» Jeune, elle aura sans doute, un superbe avenir,
» Nous nous mettrons à trois pour mieux l'entretenir!
— Ce qui fut dit fut fait.
— Et cette nuit passée,
Vers le matin, — heureux, et l'âme reposée,
Voulant un doux baiser pris sur un front ami,
Ils dirent souriant : « Mère as-tu bien dormi?

3

JUVENES.

I

On a dit souvent : « La jeunesse
« Est morte au temps où nous vivons :
» L'enfant dégénère et s'abaisse
» Dans l'absinthe et les cotillons.
» Adieu la grandeur éphémère
» Des jours que nous avions rêvés,
» Le fils arrive après le père,
» Après nous, les petits crevés ! »

Détrompez-vous ! — Non la jeunesse
N'est pas morte complétement,
Elle est puissante, et va sans cesse
Sans se retourner, — en avant !
Elle lutte dans le silence
Le repos et l'austérité,
Pour juge elle a sa conscience,
Et pour drapeau, — la liberté.

Faites dresser la barricade,
Pour son triomphe ou son honneur,

Comme nos pères en croisade,
Elle ira se battre sans peur :
Qu'elle soit soldat ou poëte,
Jamais sa valeur ne s'abat;
Pour l'échafaud, elle a la tête,
Et le glaive pour le combat!

II

Dites, n'est-ce point vrai, jeunesse à l'âme forte,
Nous avons l'avenir qui répondra pour nous,
Et quand on s'écriera que la jeunesse est morte,
Soyez sûrs que ce sont des sots ou bien des fous!
Quoi! morts! nous, l'avenir et la grande espérance,
Nous qui marchons tout droit au but fixé d'avance,
Et qui vous méprisons, vous qui que vous soyez
Contre notre bonheur par le diable envoyés!
Avez-vous oublié vous qu'en un jour de colère,
Un homme, grand talent et grande honnêteté,
Debout sur son mépris, poussa le cri de guerre,
Et fit briller ces mots : « Pays et Liberté! »
Cet homme n'était pas pour commettre un tel crime,
Un de ces grands bouchers qu'on nomme généraux,
Qui cherchent dans le sang quelque blason sublime,
Afin de travestir M. Boum en héros?
Non : c'était simplement un penseur philosophe,
Un écrivain faisant de sa plume en acier
Reluire la *Lanterne*, — et qui pouvait crier :
« Comme Bayard, je suis sans peur et sans reproche! »
— Avez-vous oublié, vous, qui l'avez chassé,
Que par nous, jeunes gens, sa *Lanterne* hardie
Fut dans le vieux quartier la première applaudie,
Quand sur nos fronts surpris sa lumière a passé?

III

Par delà la Seine au flot sombre,
Vit un peuple fier et hautain,
Chapeau bas, courtisans sans nombre,
Saluez le quartier Latin !
— Séve si puissante et si belle,
Qu'elle ensemencera le sol, —
C'est là qu'est la *France nouvelle*,
Mieux que chez M. Paradol !

C'est là qu'est la race future
Des écrivains et des soldats,
C'est la vaste et grande figure,
De tout ce que vous n'êtes pas !
Allez, quand on a sa jeunesse
Si magnifique qu'à présent,
Si jamais le pays s'abaisse,
C'est pour se lever plus puissant !

C'est vrai ! — Vous avez la bohème,
Les idiots petits crevés,
Les ministres, — Bobèche, et même
Les fous tout de neuf arrivés !
— C'est vrai, vous avez pour idoles,
Ceux qui soldent tous les vendus, —
Mais la jeunesse des Écoles
Sera quand vous ne serez plus.

Car elle attend dans le silence
Le repos et l'austérité,
Pour juge elle a sa conscience,
Et pour drapeau la liberté !

4

LA DERNIERE PENSÉE DE WEBER.

A MARCEL GREILLÈRE.

— Il rêvait.
— Dans ses mains, son front appesanti,
Rythmait encor, sans doute, une ardente pensée :
— Son œil morne semblait noyé dans l'infini,
— Le râle soulevait sa poitrine oppressée,
— Il rêvait.
Près de lui la harpe du croisé
S'appuyait mollement au crucifix d'ébène :
Le front du Christ touchait le luth presque brisé,
— Une corde y restait, et murmurait à peine.
— Tout à coup il entend un accord inconnu,
C'est le chant de la mort vibré par son génie,
Un soupir, — et le cœur du poëte a battu,
Aux suprêmes accents d'une lente harmonie.
— Il chante, — et le luth vibre en pleurant sous ses doigts,
Il chante, — et sa douleur en vains sanglots s'épuise,
Il chante, — et tout son cœur d'émotion se brise,
Il chante, — il chante encor, pour la dernière fois !
— Quand le cygne mourant dit un adieu suprême,
Au nénufar doré, fils du ruisseau qu'il aime,
On dit qu'il chante alors des sons mélodieux,
Où son âme déborde en de poignants adieux.

— Chant du cygne!
— O Weber! tes adieux à la vie,
Sont partis de ton cœur, car ils navrent le cœur,
Les regrets, les sanglots, voilà leur poésie,
C'est un râle enfanté dans un cri de douleur!
— Ici ce sont les pleurs, — plus loin c'est l'espérance,
— Le poëte expirant, a tout, — a tout mis là!
— Puis, lorsqu'il eut fini le chant de sa souffrance,
Il inclina son front sur son luth, — et pleura!

. . . .

. . . .

Sa lèvre doucement, murmure une prière,
Entre ses doigts crispés la harpe vibre encor...
Soudain elle se brise, — une larme dernière,
Un soupir de regret, — le poëte était mort!

5

CORNEILLE.

I

Deux siècles ont passé sur ta tombe éternelle
O poëte, — et ton nom vit encor parmi nous,
La gloire en t'effleurant le front de sa blanche aile,
T'a fait si grand, qu'on vient t'adorer à genoux.

C'est qu'ils sont bien passés tes longs jours de souffrance!
— Le tombeau fut pour toi l'autel de l'avenir,
Et les hommes courbant le front sous ta puissance,
Y font brûler toujours l'encens du souvenir.

— O Dieu! naître au grand siècle! — Avoir été le frère,
De ceux-là qu'on nommait Lafontaine et Molière,
Avoir sculpté son nom au portique d'airain,
Où le sceau du génie est marqué souverain,
Et quand tout éclatait de gloire sans pareille,
Dans un siècle de rois avoir été Corneille,
Et mourir tristement, seul, sans rien, sans amis,
Quand on eût dû creuser sa fosse à Saint-Denis!
— Quelle honte!
— Et pendant que râlait son génie,
Pendant que dans ses bras le tordait l'agonie,

Louis le Grand dansait en son Louvre éclatant,
Le peuple dans la rue allait tout en chantant,
La ville était en fête, et nulle voix humaine
Sourdissant du milieu de la vivante arène,
Où s'agite Paris se ruant au plaisir,
Ne venait pour crier : Corneille va mourir!

— Mais les temps ont changé.
Sur le bord de la tombe,
L'envie a dépouillé ses haillons et succombe,
L'homme est mort; — le poëte est illustre et vivant,
Car l'immortalité tient de près au néant!
— On admire celui qui fit le vieil Horace!
— Cette voix, — c'est la voix de l'avenir qui passe,
Et qui leur dit à tous : hommes, vieillards, enfants,
Grands et petits, — valets ou maîtres tout-puissants,
Monarques asseyant leur trône sur le faîte :
Vous, qui que vous soyez, saluez un poëte!
— Car Dieu vous a créés, vous, chantres d'ici-bas,
Pour montrer aux humains le but qu'ils ne voient pas,
Car vous devez jeter au monde dans l'attente,
Ces grands enseignements que le poëte enfante,
Temple divin qui porte écrit sur le fronton :
Pour les hommes : vertu! — Pour Dieu : religion!

II

Ils sont là deux qu'on voit étincelants au faîte,
Pierre Corneille et Richelieu,
L'un ministre puissant, l'autre simple poëte,
L'un homme, et l'autre Dieu!
Or, allez demander à cette populace,
Qui court sinistre çà et là,

Ce qu'on doit admirer de Mariamme ou d'Horace,
Vous verrez ce qu'elle dira !
— C'est l'un s'appelait Richelieu l'Eminence,
Favori d'un roi tout-puissant,
Quand l'autre ne tenait que de Dieu sa puissance,
L'un la lyre, — l'autre le sang !

III

Un jour un conquérant courbant sa tête altière,
Lisait le grand poëte, aux paroles de feu.
Il avait répandu la terreur sur la terre,
Et l'on disait que d'homme il était passé Dieu !
— Son noble cœur battait à ces vers de génie,
Où le vieux Rouennais burinait ses héros,
Lorsque se déroulait la grande Compagnie
Des Romains, de leurs fils et de leurs généraux !
C'était toute une armée invincible et sublîme,
Qui vainquait, elle aussi, le front haut, l'œil serein,
— Toute une légion de vieux soldats sans crime
Dont rien ne ternissait le glaive souverain.
— Sertorius, — c'était Ney le héros des tueries, —
Auguste, c'était lui, le monarque au grand front,....
— Et le ciel souriait, voyant aux Tuileries
Le grand Corneille auprès du grand Napoléon !
— Deux rois amis : deux chefs de la famille humaine,
L'un vainqueur par la lyre, et l'autre par le fer,
— Tous deux sans peur, — et tels que dans l'histoire ancienne,
On chercherait longtemps sans rencontrer leur pair !
L'Empereur feuilletait le livre du poëte,
Il lisait, et son cœur battait plus vivement,
Ainsi qu'on le voyait, quand relevant la tête,
Il faisait tout trembler à son commandement !

Mais alors, relevant son front du vieil Horace,
Il demeura pensif en regardant l'espace,
Comme s'il eut songé que Corneille était mort,
Lorsque lui, l'eut aimé, compris avec transport,
Et dit en désignant au loin une province :
« Si Corneille vivait, j'en aurais fait un prince ! »

IV

Dors en paix, ô poëte, et ne regrette rien.
Les peuples ont gardé tes vers et ta mémoire,
Un nom brille à présent sublime, — c'est le tien,
Nous couronnons ton front du bandeau de la gloire.
Dors en paix ! — La faveur des princes peut changer,
Au moins l'humanité te consacre des fêtes,
Nous t'avons célébré car pour mieux te venger,
Nous avons fait de toi l'aïeul de nos poëtes !
A côté de tous ceux qui furent les plus grands,
A côté de tous ceux que l'univers admire :
Aux champs Elyséens, au milieu des géants,
Près d'Homère et du Dante, — à côté de Shakespeare,
Dors en paix !
— L'Empereur t'aurait fait roi : — mais nous,
Nous te donnons, Corneille, une palme plus belle.
Ce n'est point un pouvoir qu'on adore à genoux,
C'est sur ton front humain la couronne immortelle...
C'est à tes pieds versé l'encens pur du saint lieu...
— L'empereur t'eût fait roi ? — Nous, nous t'avons fait Dieu !

6

LE RÊVE DES VINGT ANS.

I

Vingt ans! âge fleuri des premières amours,
Age où le cœur palpite, — où l'on est jeune encore,
Où l'on aime à rêver de gloire et de beaux jours, —
Où d'un rayon d'en haut l'espérance se dore
Comme une perle blanche aux feux étincelants; —
Les yeux levés au ciel, — sur un rythme sonore
Je vous salue, ô mes vingt ans!

II

Car je t'aime d'amour, ô ma belle jeunesse,
Je t'aime plus que tout ici bas, — plus que Dieu!
Pour toi seule, — pour toi ces trésors de tendresse,
Que ma lèvre dérobe à tes lèvres en feu,
Quand ton amour de joie et de bonheur m'inonde...
Car je t'aime, je t'aime, ô ma blonde à l'œil bleu,
Plus doux qu'un saphir de Golconde;

III

Plus doux que la rosée avec ses pleurs d'argent,
Plus doux qu'un chant d'oiseau bercé dans l'air immense,
Que l'étoile perdue au fond du firmament
Quand le soleil se couche et que la nuit commence ;
Oui, ton nom, mon idole, est gravé dans mon cœur ;
Dieu te donna pour sœur à la Vierge Espérance
Et pour épouse à la Douleur !

IV

De ton être idéal j'ai fait un corps de femme,
Dans ton sein j'ai fait battre un cœur qui put m'aimer,
Dans ton regard profond j'ai fait luire une flamme
Pour éclairer mes jours, — non pour les consumer.
Puis, nouveau Promethée, regardant mon ouvrage
J'ai voulu que ce corps pour moi put s'animer
Au souffle effleurant son visage.

V

A toi la chasteté, la grandeur, le talent ;
Rien de plus noble et pur que toi sur cette terre ;
Une auréole d'or brille sur ton front blanc,
Quand ton être, entouré d'ombres et de mystère
M'apparaît dans ma nuit comme un pâle rayon ;
A toi mes désirs, ô ma douce chimère
Enfant de mon illusion !

VI

Mais le sommeil cessait... mon ange était un rêve !
Et tout finit ainsi, — par les pleurs ! — ici-bas !
Une heure on est heureux, puis le songe s'achève,
Car le bonheur parfait sur la terre n'est pas.
Mon ange était un rêve, — et ma douce folie
Comme un oiseau quittant le pays des frimas,
Avec le soleil s'est enfuie !

VII

Mon ange était un rêve ! — Oh ! j'étais insensé !
Il faut toujours trembler quand les femmes sont belles,
Car sur elles la mort a bien vite passé ;
Dans la vie, il n'est point des amours éternelles !

. . . .

Puis, je me rendormais, pour la voir jusqu'au jour
M'effleurer en passant avec ses blanches ailes
En murmurant un chant d'amour !

VIII

Je la voyais alors, flotter, insaisissable
Comme un fantôme errant sans cesse à mon côté ;
Mais l'heure du réveil arrivait, implacable,
Tuant l'illusion par la réalité !

Je restais seul, le corps brisé par l'insomnie,
Sans espoir, et pensant en mon cœur attristé
A la douce ombre évanouie !

IX

Et ce chagrin qui naît quand on n'espère plus,
Ces tortures du cœur, cet éternel déboire,
O mes jeunes vingt ans, de vous ils sont venus,
De vous dont j'attendais le bonheur et la gloire !
L'arbre mort est couvert de bourgeons florissants,
Mais sa séve est tarie et son écorce est noire....
Je vous maudis, ô mes vingt ans !

7

LA REVUE.

I

Comme dit Figaro, qui trompe-t-on ici?
— Tout d'abord le public : et moi, puis vous aussi,
Car en voyant combien leur sottise est profonde,
Ma parole, je crois qu'on trompe tout le monde!
— Quand je pense à ces gens qui la lyre en sautoir
Vont récitant leurs vers aux beautés du trottoir,
Et comme au coin d'un bois, lorsque la nuit est proche,
Accostent le passant, leur poëme à la poche,
Malgré moi je me sens au cœur un grand dégoût,
Pour tous ces cabotins de l'art qu'on voit partout.
— Si l'on numérotait ces gens-là, ma parole,
On en ferait, je crois, une troupe fort drôle,
Avec un colonel, un fifre, deux tambours,
Et le major-bâton qui s'avance à rebours.

II

En tête, le vaillant, l'illustre Théodore
Qui sortit un matin de la boîte à Pandore,
Et d'odes, de sonnets et de vers sans raison
Composa pour Paris un effrayant poison.

Respectons cependant ce poëte invalide
Qui n'a pas pu remplir sa cervelle trop vide
Avec tout l'attirail renouvelé souvent
De ses vers, d'où ne peut s'échapper que du vent.
— Pauvre Banville! Avoir travaillé vingt années,
Au labeur avoir eu des nuits abandonnées,
Pour ne voir de ce tas de livres ennuyeux
Qui vous navrent le cœur et vous ferment les yeux,
Sortir qu'un seul rayon de bonheur et de gloire,
Quand il a su chanter les amours de Gringoire!...
— Aussi comme ils étaient fiers de leur colonel
Les soldats qui marchaient, la tête dans le ciel
Et les pieds dans la boue, à la suite fameuse
Du chef au crâne usé par la muse amoureuse!
— Il avait fait Gringoire!! — Après le grand proscrit,
Car Hugo lui prêtait un peu de son esprit.
— C'était déjà beaucoup! —
Après, qui nommerais-je?
Le blond Mendez mou comme une crème à la neige,
Et tous, grands et petits, rimailleurs chevelus,
Qu'on ignorait hier et qu'on ne lira plus,
Quand une fois on a, — que le ciel me pardonne! —
Refait avec leurs vers leur grotesque personne.

III

Je conçois maintenant ce qu'on a dit souvent,
Qu'on avait vu la Muse entrer dans un couvent,
Pour être calme au moins au fond d'une cellule,
Tant elle avait trouvé laid, fat et ridicule,
Dans son bel attirail, couvert d'un oripeau,
Ce cortége où Vermesch est le porte-drapeau!
—Vraiment, mes beaux messieurs, j'ai peine à vous comprendre:
Il était si facile à vous de vous entendre,

Et de faire du moins de vaillants citoyens
Au lieu de rimailleurs pelés comme des chiens.
Si vous ne pouviez pas être de pareils hommes,
Et si vous désiriez, à l'époque où nous sommes,
Lutter pour un principe ou devenir quelqu'un,
Vous aviez près de vous un rôle plus commun :
Soyez maçons, soldats, agriculteurs ou pîtres
Au Corps législatif devenez des arbitres,
Soyez tout, laboureurs, même petits crevés,
Mais vrai Dieu, laissez-là tous vos livres rêvés !

— O vous qui nous suivez, ô jeunes gens, mes frères,
Écoutez un peu plus les conseillers sincères,
Qui vous montrant au loin l'abîme où nous tombons,
Voudraient vous faire fuir cet antre de démons.
Où tous, jeunes et vieux, qui font de l'harmonie,
Parent leur nullité du grand nom de génie ! (1)

(1) Il est juste de saluer, en passant, tous ceux dont la foule a appris à aimer les noms : MM. Lecomte de Lisle, — François Coppée, le premier de tous, — Joseph Soulary, — Jully Prudhomme, et bien d'autres qui parlent si divinement la grande langue de la poésie. — Je n'oublie pas Edmond Thiaudière, l'auteur de *Sauvagerie*, ni Blavet, le charmant poëte méridional : non plus cet homme si modeste, — ce poëte de génie qui a écrit *Mireille*, un bijou, et *Calendeau*, un chef-d'œuvre. — L'auteur obscur de ces quelques pages, regrette de ne pouvoir mieux saluer, et dans une langue digne de la leur, — ces derniers représentants d'un art bien méprisé : mais, si sa voix est faible, son cœur est chaud, et il leur envoie de loin, comme à de vieux amis, son faible témoignage de sympathie et d'admiration.

8

LE GRAND SIECLE.

A L'OUIS PEPIN.

— Mille pardons, messieurs, ce grand siècle est le nôtre.
Je sais bien que cela vous dérange beaucoup,
Car vous avez prouvé qu'à côté de tout autre,
Le temps où nous vivons, ne valait rien du tout.

— A vous croire, jamais nullité plus profonde,
N'aurait paru depuis que notre monde est monde,
Et bien sûr, si quelqu'un de nos grands trépassés,
Revenait sur la terre après mille ans passés,
Il voilerait son front et rentrerait dans l'ombre,
Tant dans cet âge-ci tout est infâme et sombre,
— Car, jugeant que le monde est bien près de finir,
Dans le néant aussi vous jetez l'avenir.
Quand Dieu, lorsque viendra le jugement des hommes,
Arrêtera ses yeux sur le siècle où nous sommes,
Et qu'il demandera notre somme de bien
Ou de talent, — vos voix auront répondu : Rien !
— C'est peu !
— Mais je comprends ce que vous allez dire :
Vous niez, — ne pouvant comprendre. — Car maudire,
Insulter tout un siècle, exige seulement
Qu'on ait beaucoup de fiel, et fort peu de talent.

— Comme le respect coûte à votre cœur stérile.
Vous niez les talents, l'âme et l'honnêteté,
C'est plus expéditif, et c'est moins difficile,
Chacun vous applaudit, — et c'est très-bien porté!

— Pourtant, permettez-moi de croire le contraire,
Si vous, vous n'êtes rien, et ne pouvez rien faire,
Pourquoi nous mépriser, nous autres qui venons
Avec nos dix-neuf ans et nos illusions?
— Sans doute, nous avons dans ce siècle où tout passe,
Inauguré le règne éclatant de Paillasse,
Sans doute, bien des gens, — ministres, députés
Ecrivains ou sculpteurs, peintres ou journalistes, —
Encourent justement vos dédains mérités,
— Mais pourquoi tous ces noms que je vois sur vos listes?
Croyez-vous qu'à côté des sauteurs qu'on méprise,
On ne puisse en trouver bien d'autres, quoiqu'on dise
Qui méritent l'hommage et le respect de tous?
— Serait-ce, alors, messieurs, que vous êtes jaloux?

On nous parle souvent de Corneille et Racine;
Nous avons maintenant Dumas et Lamartine,
Et quoiqu'on ait pensé sur les gens que l'on a,
Balzac vaut bien Molière et Hernani, Cinna!
Nous avons Delacroix, frère de Michel-Ange,
Augier est aussi fort, je crois, que Beaumarchais,
Meyerbeer vaut Mozart, — et Byron l'homme étrange
Est aussi grand que ceux que l'on a vus jamais!

Les mœurs? — Pensez-vous donc, pauvres fous imbéciles,
Que les siècles passés aient été vertueux?
C'est qu'alors vous seriez, vraiment, peu difficiles,
Et dignes héritiers du nom de vos aïeux.
Il est vrai qu'une chose en cela me console,
C'est qu'on fut pessimiste en tout temps. C'est un rôle!

Pour être grand, il faut qu'on vous ait enterré!
— Le vivant est maudit, mais le mort est sacré.
— Apprenez cependant, ô gens sans conscience,
Que le présent s'enfuit quand l'avenir s'avance ;
Et vous qui ne croyez à rien, — sinon à vous, —
Vous serez oubliés et désespérés tous,
Quand elle aura passé son niveau sur vos têtes,
La génération d'hommes et de poëtes,
Qui vient pour remplacer, avec son cœur ardent,
Votre froid scepticisme et votre air impudent!
About, Zola, Vallès, — passez, hommes sublimes ; —
Passez, juges ; passez, bourreaux ; passez, victimes ;
Vous qui ne croyez à rien, — passez ! passez !
Sous le temps à venir qui vient, — disparaissez !
Le présent qui s'envole est déjà moins qu'un rêve :
L'âge est comme la mer qui monte sur la grève,
Quand elle a recouvert le sol comme un tombeau,
Il ne reste plus rien que le ciel et que l'eau !

9

QUESTION.

C'est décidé de par la Chambre,
Nous sommes libres de parler ;
Vingt ans après le Deux-Décembre,
On veut bien nous démuseler !
Libres de quoi? — Libres d'écrire ?
Que non pas ! — D'aller en prison ;
Comme attaques envers l'empire,
Le Souverain, et sa maison !
Mais cette liberté-là, Sire,
Vraiment, c'est trop ou pas assez :
Nous ignorons ce qu'il faut dire
En nous voyant si menacés !
Qu'est la Liberté de la Presse
Pour nous autres, peuple indompté,
Qui vous réclamerons sans cesse
La Presse de la Liberté !

10

LE BUDGET.

Je trace le budget dans une phrase étroite :
Zéros à gauche, Actif; Passif, zéros à droite!

11

LA VISION.

A MARCEL GREILLÈRE.

I

....: Et de l'Arc de triomphe aux puissantes sculptures,
Se dressant mornes, dans la nuit,
Regardaient les héros, debout dans leurs armures,
Pétrifiés sur le granit!

C'est qu'à leurs pieds passaient les troupes élégantes
Des arlequins de notre temps,
Diplomates, soldats, auteurs, femmes galantes,
Et petits crevés de vingt ans!

Et les vieux héros morts, de leur piédestal sombre,
Par le temps vainement rongé,
Voyant l'accouplement de nos vices sans nombre
Disaient : « Comme tout est changé! »

II

Le fait est qu'à présent, si l'esprit court la rue,
L'honneur et le talent restent toujours chez eux,
La raison s'est enfuie, — et dans l'ombre apparue
La muse de Banville a perdu ses cheveux!

Quel spectacle! Plus rien, pas un jeune poëte.
Tous des vieux de vingt ans rimant aux cabarets,
Parnassiens idiots qui se creusent la tête,
Sans voir que le mépris va leur courir après!
La disette est partout : le peuple a soif de lire
Et trouve dix Layas pour un Émile Augier :
Barrière est mort, — Sardou vide sa tirelire,
Et ne déniche plus de quoi nous égayer!
Que faire? Où se tourner en ce temps d'égoïsme,
Où la foule a perdu sa classique gaîté,
Où l'écrivain se jette aux bras du réalisme,
Où nous n'avons plus rien, — même la liberté!

III

Est-ce tout? nous serions trop heureux sans nul doute!
Non pas! Allez toujours, lecteurs, droit devant vous!
Nous en rencontrerons encore sur la route,
Que nous forcerons bien à courber les genoux.
Allons! dansez, messieurs, c'est le bal qui commence!
Dansez, nobles talents qui serez morts demain!
Zola, Vallès, — enfants de la Babel immense
Qui prétendez tenir la plume en votre main
Je vous méprise tous, et j'ai droit de le dire,
Moi, qui suis inconnu comme vous le serez,
Mais qui jamais du moins, n'ai cherché, pour écrire,
A ternir la vertu, l'honneur, ces biens sacrés!

IV

Oui! Tout est bien changé, soldats du vieil empire,
Oui, tout est bien changé dans les mœurs d'à présent,
Car l'incrédulité, ce moderne vampire,
Pour assouvir sa faim a sucé notre sang.

Mais espérez! Elle est dans l'ombre et le silence,
La génération nouvelle qui commence!
Nous sommes là, phalange héroïque au front haut,
Pour le quatre-vingt-neuf à venir du poëte
Qui n'aura pas besoin d'user de l'échafaud,
Car il attaquera le cœur, — et non la tête!
Ses ennemis, c'est vous que je viens de flétrir
Toi Stamir, toi Vallès, vous tous, tourbe insensée,
Écrivaillons poudreux qui vont bientôt mourir,
Vous tous, les galériens abjects de la pensée!
Vous qui déshonorez le nom de nos aïeux,
Ces héros d'autrefois, fiers devant la tourmente,
Hugo, Dumas, ou Sand, tous ces grands glorieux,
Dont le quatre-vingt-neuf a nom mil huit cent trente!
Pourtant, dormez en paix, soldats de Marengo,
Car si tout a changé, tout doit changer encore,
Je vois briller de loin la radieuse aurore,
A laquelle sourit là-bas Victor Hugo!
Qu'importe Sainte-Beuve, et tout ce qu'il insulte?
Ils retomberont tous, oubliés ou meurtris,
Qu'importe ce qu'on dit! Pour l'honneur, et le culte,
Poëte, j'ai levé l'étendard du mépris!

. . . .
. . . .

V

Puis, lorsque sonna l'heure au séjour des fantômes,
Les vieux grognards avaient tous fini de veiller,
Debout, sur leur autel élevé par des hommes
Mais qu'inspira le dieu Napoléon Premier! —
Et quand le vent soufflait du côté de la ville,
A l'heure où tout Paris s'enivre, joue, ou dort,

C'était comme l'écho d'une plainte inutile,
Qui du fond d'un tombeau se fait entendre encor, —...

Car les vieux héros morts, de leur piédestal sombre,
Par le temps vainement rongé,
Voyant l'accouplement de nos vices sans nombre,
Disaient : « Comme tout est changé ! »

12

LES PROXÉNETES.

I

— On est jeune :
On se sent plein d'amour et de force,
Une séve de feu circule sous l'écorce
Qui couvre ce tombeau qu'on appelle le cœur.
— On n'a connu ni mal, ni larmes, ni douleur :
— On croit. —
Dieu vous paraît, sublime dans sa nue,
— Comme un géant voilé d'une flamme inconnue,
— On va, baissant le front, et loin d'un œil humain,
Dans la vieille chapelle, — un rosaire à la main,
Contempler Celui-là qui lentement repose, —
— Ce Dieu qui ne dit rien, — et qui voit toute chose.
— On aime. —
Un jour d'été que l'on était heureux,
Une femme a passé, — brune avec des yeux bleus, —
— On lui parle : elle est bonne, — et vous sourit de même...
— Alors, comme on est jeune et radieux, — on l'aime.
— C'est bien. —
Puis l'on rencontre un ami : — que fais-tu?
— Aimer? Rien n'est plus fou. Tu n'as pas de vertu.
Est-ce que l'amour vrai peut se trouver sur terre?

— Tu crois à Dieu? — Ce n'est qu'une folle chimère,
— Et que l'invention d'un poëte inspiré, —
Qui ne veut pas mourir, — sans avoir espéré.
— Quoi? tu veux être jeune! — A présent! — C'est folie.
Un homme doit vieillir pour jouir de sa vie.
Sache, — ô pauvre crédule, au cœur naïf et fier, —
— Qu'on ignore demain, — et qu'on doute d'hier.
— Rien de sûr, — si ce n'est, l'or, et la jouissance.
Dépouille donc ta foi, ton Dieu, ton espérance,
Ce sont de vieux manteaux qui ne nous servent plus,
Qu'il fait bon rejeter aux âges disparus.
— Le passé? qu'est cela? — L'avenir? qu'est-ce encore?
Choses que l'on méprise, et choses qu'on ignore,
Rêves d'un songe-creux sans tête et sans raison,
Qui vivait sans bonheur, sans pain et sans maison;
— De quelque Diogène au front livide et pâle,
Qu'éblouissait encor la pourpre épiscopale,
Et qui, de sa lanterne, éclairant le chemin,
Voulait montrer son Dieu dans tout le genre humain!

. . . .

. . . .

— L'Amour? — un vieux poëte, en a rêvé jadis,
Pour réchauffer un peu ses membres engourdis,
— La Jeunesse? — un instant de déboires qui passe,
Comme un oiseau pensif qui traverse l'espace!

— Laisse s'évanouir ces mythes séducteurs;
La vie a des plaisirs qui sont bien moins menteurs.
Comme je te l'ai dit : Tu n'as qu'un Évangile,
— C'est non pas de prier et de faire vigile,
De te meurtrir le front aux pierres du saint lieu,
En joignant tes pleurs d'homme aux pleurs du Fils de Dieu,
— Ce n'est pas de rêver de quelque jeune fille,
Démon dont le cœur ment et la lèvre babille!
— Ce n'est pas de vouloir être jeune à vingt ans,

Et de craindre l'hiver pour jouir du printemps !
— Non, enfant. —
Tout cela, ce n'est qu'une chimère,
— Que tu crois éternelle, et qui n'est qu'éphémère.
— Cela n'existe pas et ne sera jamais,
Le monde a bien marché. Crois-moi ! — Je le connais !
— Le chemin qu'il faut prendre et suivre sans faiblesse,
C'est celui qui conduit à l'humaine sagesse :
— Au doute. — Rien de vrai que ce qu'on peut toucher.
Rien de beau que le laid : il ne faut pas chercher,
Il ne faut pas toujours creuser le grand problème,
D'un égoïste Dieu qui demande qu'on l'aime,
Et pour le vénérer trouve encore des sots.
— Jouir ; ruser ; douter, c'est la vie en trois mots.

II

Alors, on réfléchit, avec angoisse ! — on songe !
— L'homme est donc le seul Dieu, — si l'autre est un men-
La femme est donc un être au cœur froid ? — Que penser ? [songe !
— Dans quel antre profond vient-on de vous pousser ?
— C'est le Doute ! —
Oh ! combien j'en ai vu dans ce monde,
Qui ne sont pas sortis de la caverne immonde ! —
— Ils sont entrés, joyeux, fiers et croyant au bien.
— Regardez-les ! — Hier : tout, — aujourd'hui : rien.
— Ou si l'un d'eux, brisant cette main qui l'arrête,
Veut s'échapper de l'antre où son malheur s'apprête,
— S'il en sort, — regardez quel trouble sur son front
— Il comptait sur l'estime, — on lui jette l'affront.
— On se moque de lui, lui qui croit, — lui qui chante !
— Son cœur devient de marbre, — et sa lèvre méchante,
S'il veut défendre encor, sans crainte et sans effroi,
— Le Créateur : son Dieu, — l'humanité : sa Foi !

III

— Quand une femme est pauvre, et veut rester honnête,
Quelqu'un vient et lui dit en secouant la tête :
« Enfant, laisse donc là ces scrupules : — suis-moi.
» Je voudrais te sauver, car j'ai pitié de toi.
» Je vais te faire riche, heureuse ; — tu vas vivre,
» Par l'amour qui se vend, — et l'or, — qui vous enivre.
» A toi, luxe, plaisirs, robes et diamants.
» Il te faut dès demain, trouver cinquante amants,
» C'est vrai, tu seras vile et bien déshonorée,
» Mais l'honneur, aujourd'hui, ce n'est qu'une denrée,
» Qu'on donne au plus offrant et qui se vend très-cher.
» Sois superbe aujourd'hui, toi, si modeste hier ! »
La jeune fille écoute. — Et pendant qu'elle hésite,
Son cœur va lentement, et sa tête va vite !
Elle entend cette voix qui séduit ! — Quel espoir !
Comme ils sont éclatants ces cieux qu'on lui fait voir !

— Oh ! riche ! — elle, si pauvre ! — Et pour cela ? que faire ?
— Moins que rien ! — Se donner, se vendre, — toujours plaire,
Adorer les plus mous, — comme les plus ardents,
— De l'amour en dehors, — de la haine en dedans !
— Mentir, en ayant l'air de dire vrai sans cesse,
Toujours feindre d'aimer sans avoir de tendresse ;
— Il est vrai que cela vous sera bien payé !
L'or est toujours de l'or, même s'il est souillé,
Et qu'importe qu'on donne en payant sa toilette,
De l'or de courtisane, ou bien de fille honnête ?

— Puis le temps va, creusant des rides sur le corps !
On devient vieille et laide : — on se repent, alors.

— Il est trop tard. — Le cœur se reporte à cet âge,
Où l'avenir brillait, ciel pur et sans orage.
On revoit le passé, plein de fête et d'azur,
Quand l'âme était sans honte, et le cœur encor pur !
— On eut pu rester sage, et toujours estimée :
— Épouser un brave homme, — être heureuse, être aimée !
— Qui sait ? voir sautiller joyeux près de son lit,
Tout un essaim d'enfants qui babille et qui rit.
— Mais on a préféré le luxe et l'or infâme,
Pour avoir trop vu l'homme, — on n'est plus une femme !
On meurt bientôt, usée, — et seule, — sachant bien
Que nul ne pleurera, — car nul ne se souvient !

IV

Oh ! dans cet instant sombre et que rien ne profane,
Si quelqu'un regardait ce cœur de courtisane !
— Si quelque Michel-Ange, armé de son scalpel,
Scrutait ce corps, dont l'âme est remontée au ciel,
Sans doute il y verrait, une plainte effroyable,
Contre la femme, — obscure, — errante, misérable,
— Qui la première a fait miroiter à ses yeux
Ce luxe qu'on achète au fond des mauvais lieux !
— Quel horrible blasphème et quel désespoir sombre ;
Avoir fui la lumière, — afin de trouver l'ombre,
— Et quand on eût pu vivre heureuse et sans souci,
Mourir, — ainsi qu'un chien dont le maître est parti !
— Oh ! comme on l'a maudit l'immonde proxénète
Qui vint avec de l'or soûler sa jeune tête !

V

Enfants ! vous qui croyez ! vous qui priez ! vous tous
Qui devant le Très-Haut sanglotez à genoux,
Que ce soit dans l'église ou dans la cathédrale,
Dans la chapelle noire, où dorment sous la dalle,
Méprisant le présent les hommes du passé,
Que ce soit sur la pourpre ou le marbre glacé,
— Enfants, vous qui croyez, vous qui priez encore,
Vous que la vie attend, et qu'une mère adore,
— Fuyez, fuyez toujours ces hommes qui voudront,
Vous mettre haine au cœur, — et doute dans le front !
— Renans, Abouts, faisant miroiter dans un livre,
Cette incrédulité dont le dehors enivre !
Ce n'est que du poison dans une coupe d'or,
Et lorsqu'on en a bu, l'on veut en boire encor !

— Plus le fond en est laid, plus la forme en est belle,
Et vous oublierez Dieu pour n'adorer plus qu'elle !
— Ceux-là, — prêtres maudits de l'incrédulité,
Qui veulent faire un Dieu du pourceau volupté,
— Philosophes, savants, écrivains ou poëtes,
Ceux-là, sachez-le bien, — ce sont des proxénètes !
— Qui viennent vous tenter le plaisir à la main,
Avec leurs deux laquais, — monde et respect humain !
Ne croyez pas en eux qui voudraient vous séduire,
Et sachez que les pleurs valent mieux que le rire !

— Oh ! vous, les cheveux blonds — craignez ces cheveux blancs,
Qui déchirent vos cœurs avec leurs doigts tremblants,
Vous disant que l'on a, pour oublier sa chute,
— L'argent pour instrument, — et la femme pour brute !

— Suivez l'autre chemin, — le plus rude, — qui va,
Non contre le Progrès, — mais droit vers Jehovah !
— Aimer, prier, pleurer, — c'est là toute la vie.
On vous dira : Mensonge ! — Abîmes et Folie !
— Mais ne les croyez pas ! — Car avec ces trois mots,
— Le Christ a fait le monde, et l'homme des héros,
Et quand ils en riront, dites à ces apôtres,
Que leur profond savoir n'en a pu trouver d'autres !

13

LÉGENDE.

A Mlle MARIE R.

— C'était coutume en Grèce, aux jours de grandes fêtes,
D'empêcher tout travail. — Artisans et poëtes,
— Rapsodes et soldats, — tous rentraient. — Mais voici
Que Praxitèle, — alors que commence ceci,
Le sculpteur à huit ans, — assis au pied d'un chêne
Et laissant son regard s'épancher sur la plaine,
— Dans un de ces jours-là, — s'ennuya de rester
Inactif, — et voulut malgré tout travailler.
— Il prit un peu de terre, — et de sa main habile
Il se mit à donner une forme à l'argile.
Peu à peu des oiseaux se forment: — souriant
Il contemple son œuvre heureux comme un enfant,
— Mais comme un enfant-dieu, — dont la main immortelle,
Fit sortir du limon une œuvre encor nouvelle.

— Tout à coup, près de lui, passe un homme. — Comment
« Oses-tu travailler un pareil jour? — Vraiment,
— Dit-il, — tu suis bien mal la loi qu'on nous a faite. »
— « Je ne travaille pas, lui dit l'enfant-poëte,
» Je crée! — Envolez-vous, petits oiseaux! » — Soudain
Tous les petits oiseaux sortirent de sa main:
— Comme pour remercier Praxitèle, ils chantèrent,
Et prenant vers ciel, leur course, — s'envolèrent!

— Or savez-vous le nom que portent ces oiseaux
Qui sont nés d'un enfant? — C'est la douce alouette,
C'est le gai messager, ami des jours nouveaux,
Qui venait annoncer le jour à Juliette.

— Et si l'on ne voit point, quand les froids sont partis,
L'alouette suspendre aux branches ses petits,
C'est que se rappelant sa naissance première,
Elle creuse toujours son nid... à fleur de terre!

— N'est-ce pas merveilleux? N'avais-je pas raison?
— Cette légende-là quelle grande leçon!
N'est-ce pas dire enfin que l'œuvre qu'on enfante
Doit pour être sublime être toujours vivante!

14

L'AMI.

A CHARLES MASSET.

C'est le soir. Le ciel sombre a des reflets de bistre
Le vent siffle à travers les arbres dépouillés,
Et, comme un glas de mort, passe lent et sinistre,
Faisant gémir les gonds des vieux tombeaux rouillés.

Quatre corps sont auprès d'une fosse noirâtre :
Le prêtre, le bedeau, le croque-mort; un chien.
Le bedeau pense à voir une pièce au théâtre,
Le prêtre pense à Dieu, le croque-mort, à rien.

Le cercueil est mauvais, car la denrée est chère,
Et quand le mort est pauvre on ne fait pas crédit.
On le descend, sur lui, l'on jette un peu de terre ;
Un signe de croix : puis, on s'en va : Tout est dit.

Ils étaient venus quatre, ils s'en vont trois. Peut-être
Quelqu'un est-il resté sur le tombeau chrétien ?...
Non ; je vois le bedeau, le croque-mort, le prêtre...
Et l'ami qui resta, pleurant, ce fut le chien.

15

L'ANNEAU D'OR.

Ballade.

A GUSTAVE ROGER.

C'était deuil au château d'un comte féodal,
Car sa fille était trépassée :
On allait la descendre au tombeau seigneurial
Dans ses habits de fiancée.

— Elle portait au doigt l'anneau de diamant,
Par qui toute une union commence,
Que tout joyeux, — la veille ! — avait mis son amant,
Comme une éternelle alliance,

Qu'elle était belle ! — Au front le diadème blanc,
Des fleurs d'oranger de la vierge...
Elle semblait dormir et rêver doucement
A la pâle lueur d'un cierge.

Ses yeux tout grands ouverts sous leur voile obscurci.
Cherchaient encor quelqu'un, — peut-être !
— Et certe, — on eût pensé qu'elle attendait ainsi
Le premier baiser de son maître.

— Hélas ! — Son jeune amant, c'était le vieux trépas !
Le long squelette ami des fosses...

— Va ! dors tranquille, ô vierge ! — Elle ne finit pas
Cette première nuit de noces !

II

A l'heure où va sonner minuit
Au vieux beffroi de la chapelle,
Les hiboux ouïrent un bruit...
Comme le frôlement d'une aile.

Puis les vieux oiseaux effrayés
Entendirent grincer la porte,
Qui criait sur ses gonds rouillés
Comme pour réveiller la morte !

Qui venait apporter le bruit
Dans la demeure solennelle, —
— A l'heure où va sonner minuit
Au vieux beffroi de la chapelle ?

— C'était un jeune homme, — un enfant :
La torche dans sa main tremblante
Se penche, — et dans l'ombre, on entend
Que ses dents claquent d'épouvante !

Il approche auprès du cercueil,
Et se met à genoux : — peut-être
Son âme a-t-elle pris le deuil
En voyant la mort apparaître !

— Mais non ! — c'est un moine ! — C'est Jean
Le novice au couvent, — le frère
Qui veille auprès des morts souvent
En murmurant une prière !

5.

— Jésus ! — Sa main tient un marteau...
Il s'agenouille sur la dalle,
Et pour déclouer le tombeau
Ouvre la pierre féodale...

— Puis la vierge apparut ainsi
Qu'elle était hier dans sa couche...
Le même sourire à la bouche...
— Moine, que viens-tu faire ici ?

III

— « A moi donc, fortune et puissance,
» Murmure-t-il, l'œil allumé,
» A moi, l'anneau d'un prix immense
» Qu'on croit dans la tombe enfermé !

» Je suis riche ! — A moi les folies
» Aux plaisirs sans cesse nouveaux !
» J'ai de quoi payer mes orgies, —
— » Avec le viol des tombeaux ! —

— » Et, fiévreux, poitrine haletante
» Il recloue au fond du cercueil,
» La vierge toujours souriante
» Dans ses blancs vêtements de deuil...

— » Au même instant, sonne minuit
» Au vieux beffroi de la chapelle...
— » Le moine, tressaillant au bruit,
» Murmure tout bas : « Qui m'appelle?...

— » Bah ! partons ! — Je suis bien payé !... »
» Il veut s'enfuir... — une main forte

» L'avait retenu,... — foudroyé
» Il tomba, — disant, — : « C'est la morte ! »

IV

— C'était deuil au château du comte féodal,
Mourait le père après la fille,
On descendit le corps au tombeau seigneurial,
Dans les vieux caveaux de famille.

— Alors on aperçut un cadavre attaché
Par un clou le long de la fosse,
Un anneau d'or brillait à son doigt desséché...
Dans le feu d'une nuit de noce!

C'était le jeune moine, — Jean,
Le novice au couvent ; — le frère
Avait cloué son vêtement...
... En murmurant une prière!...

16

A Mlle ANDRÉE DE C.

— Avez-vous vu souvent au milieu de l'espace,
Un nuage marbré qui vient, — blanchit, — et passe?
— Ses flancs, brodés d'écume ou zébrés de corail,
Montrent au voyageur — un merveilleux travail,
Labeur sublime, — où Dieu qui partout se devine,
Fait briller à nos yeux sa sculpture divine.
— Où va-t-il? — D'où vient-il? — Qui le sait! — Vagabond
Comme la feuille errante emportée à la plaine,
Il nage sans effort, dans une mer sans fond
Entraîné par le flux d'une onde aérienne!

— Ainsi tout va sur terre, ainsi tout doit finir
— Tout passe, — tout lasse, — et tout casse, dit le sage!
Mais fasse Dieu qu'un jour, — un lointain souvenir,
— Comme l'âcre parfum de quelque fleur sauvage,
Vous rappelle le jour où pour vos dix-huit ans
Mes yeux se sont emplis d'une larme muette...
— Cousine, rien ne vaut pour Dieu ce pur encens,
— Larme de jeune fille, — ou larme de poëte!

17

PAYSAGE.

A E. H. LAGRANGE.

C'est le mois des fleurs qui commence,
Le mois où les prés sont fleuris,
Où dans l'amour et le silence
Les petits oiseaux font leurs nids.

Déjà l'abeille au brun corsage
Suce la fleur de la forêt,
Ou bien incessamment voyage
Du coquelicot au bluet.

Le bois au manteau d'émeraude
S'éveille aux chants du rossignol,
Sous la feuillée un lièvre rôde,
Et la caille au loin prend son vol.

A gauche derrière les herbes,
On voit venir chaque matin
Des laboureurs liant leurs gerbes
De blé mûr ou de sarrasin.

Puis, au second plan, dans la plaine
Paissent d'innombrables troupeaux

De bœufs ou de bêtes à laine,
Richesse de trente hameaux.

A droite un rideau de feuillages
Où se coupent de deux côtés
Les ormes et les pins sauvages
Avec les bouleaux argentés.

Et puis au fond, — presque dans l'ombre
Une villa simple ; — un jardin
Qu'ombragent des arbres sans nombre
Et que tapisse un gazon fin.

Deux amoureux sous la tonnelle
Entrelacés avec transport...
Disant tout bas : « La vie est belle
» Après l'amour, l'amour encor ! »

C'est le mois des fleurs qui commence
Le mois où les prés sont fleuris,
Où dans l'amour et le silence
Les petits oiseaux font leurs nids.

18

PRIERE

AU QUARTIER LATIN.

— O toi dont le front pur s'illumine et rayonne,
Jeunesse, — écoute-les ces vers que je te donne!
Amis, frères, vous tous qui me serrez la main,
Amis d'hier, — peut-être ennemis de demain,
Écoutez un instant, une voix jeune et forte,
Qu'à travers son oubli mon âme vous apporte!
Ne hochez pas la tête en disant : à quoi bon!
Quand vous verrez ces vers signés d'un pauvre nom,
Obscur, bien ignoré des hommes de notre âge,
Ces vers, écoutez-les : je vous en fais hommage;
— Car je t'aime, ô jeunesse au cœur nerveux et fier,
Légion de héros qu'on ignorait hier,
Et qui sortant demain de leur ombre profonde,
Apparaîtront vainqueurs à la face du monde!
— Tu sais ce qu'on a dit et ce qu'on dit sur toi,
Tu n'as plus d'avenir et tu n'as plus la foi,
Ta sève s'est tarie au contact de notre âge,
Tu n'as plus ni fierté, ni force, ni courage,
Et ton bras ne pourrait soulever une fois,
L'armure que portaient nos pères autrefois!
Le génie et l'amour, — ces sœurs de la jeunesse, —
Sont bien morts dans ton front qu'on veut courber sans cesse,

Mais, va, — ne réponds rien ! — car si par une nuit,
Nos pères délaissant leurs cercueils de granit,
Secouant sur le sol la poussière des tombes,
Venaient porter le poids sous lequel tu succombes,
Sans doute, ils s'écrieraient, en baissant leurs fronts blancs
Sur leurs seins décharnés : ceux-là sont des géants !

— Ton armure est de fer : elle a nom : l'espérance.

Que t'importe la haine, et le mépris immense?
N'as-tu pas devant toi l'avenir ? — n'as-tu pas,
Ce qui vaut mieux encor que les biens d'ici-bas,
La foi, — l'amour sublime et vierge de souillure,
Pour la belle déesse à l'âme forte et pure,
Qu'on veut chasser en vain du monde épouvanté,
— Que Dieu nomme : Grandeur ! — et l'homme : Liberté ?
Et pour la voir paraître au jour de la victoire,
Sur son fier piédestal de triomphe et de gloire,
Ne combattras-tu pas l'âme et le corps en feu,
Énergique pour l'homme, — et modeste pour Dieu ?

Va, ton épée est rude : elle a nom : le génie !

Non pas celui qui doute, — ou celui qui renie,
Mais ce fier sentiment que rien ne peut dompter,
Dieu qui ne se vend pas, et qu'on veut acheter;
Voix qui tonne et qui frappe au jour de la bataille,
Se faisant un rempart de corps jusqu'à la taille ;
Éclair, qui gronde, part, illumine, — et soudain,
Pulvérise tyrans et trônes en chemin !
Tiens ! — le tonnerre suit : il éclate — terrible ! —
Malheur à l'homme vil, — malheur à l'insensible,
Malheur à qui fut traître et vendit son honneur,
Judas de la pensée, et traficants du cœur !
Malheur à tous enfin que le mépris accable,
Car il les réduira plus minces que le sable !

Oh ! ce tonnerre-là quel terrible bourreau !

Voyez, — tout disparaît dans la nuit du tombeau,
Tyrans, drôles, coquins, traîtres et courtisanes,
Regarde-les, — tous ceux enfin que tu condamnes,
Évanouis, — tombés, — disparus sans retour,
La sombre nuit pour eux qui faisaient peur au jour !
Car le tonnerre a dit, en poursuivant sa route,
Au tyran : écoutez ! — Et le tyran écoute !
Et se faisant du coup un royal échafaud,
La voix qui part d'en bas monte frapper en haut !

LIVRE DEUXIÈME

HOMMES & CHOSES

19

PREMIERE LETTRE.

A HENRI ROCHEFORT.

Ta *Lanterne* est une œuvre admirable, — et je l'aime.
— Fière comme ton cœur, — noble comme ton nom :
C'était plus qu'un pamphlet, — c'était presque un poëme,
C'était, — comme une voix de révolution!

Je ne t'ai point connu dans la bonne fortune,
Lorsque tu te sentais en rut de liberté,
Mais si mon amitié ne t'est pas importune,
Mon bonheur vient l'offrir à ton adversité.

Car nous aimons tous deux une fière maîtresse!
— La grande Liberté qu'on terrasse sans cesse,
Et qui, forte toujours, sort toujours du tombeau...

Comme un lierre rampant sur une rude écorce,
Laisse-moi réunir ma faiblesse à ta force,
Et nous aurons tous deux, la grandeur pour drapeau!

20

DEUXIÈME LETTRE.

A MONSIEUR EDMOND ABOUT.

Je ne vous connais point, monsieur : tant mieux pour moi.
Je pourrai franchement dire ce que je croi
Et comme j'ai toujours l'excellente habitude,
D'aller droit sans jamais m'arrêter au prélude,
Je vais, sans demander votre permission,
Dire sur vous ma franche et libre opinion.

L'esprit ou le talent bien rarement vous manque,
Mais vous êtes entier dans ce mot : Saltimbanque.
— Hélas oui, malgré tout ce que vous avez fait,
Malgré *Tolla*, *Germaine*, — un beau livre, en effet, —
Malgré tout votre esprit à faire un mariage
Vous n'avez jamais su créer un bel ouvrage :
Le talent d'écrivain s'y trouve à chaque pas,
Homme d'esprit, c'est bien : homme de cœur, — non pas !

Or, j'ai dit, et tout haut encor, je le répète,
— Dussiez-vous vous fâcher de l'aveu d'un poëte.
Vous ne serez jamais qu'un pitre : c'est le mot :
— Mais je n'ai jamais vu qu'un pitre fût un sot.
En effet quand un livre à vos yeux se présente
C'est la tête, chez vous, non le cœur qui l'enfante :

Vous prenez le lecteur, c'est vrai : vous l'amusez,
Il rit, — mais il rit jaune, et vous en abusez,
Car lorsqu'il a bien ri longtemps à vous entendre,
Son esprit a toujours besoin de se détendre.
Vous faites miroiter à nos yeux ahuris,
Un mélange étonnant qui m'a toujours surpris :
Confitures, châteaux, mine carbonifère,
Messieurs qui ne font rien ou ne savent que faire,
Toile, goudron, épice, amour et cætera,
Puis mort ou mariage à la fin, et voilà !
Morbleu, mon cher monsieur, c'est peut-être fort drôle,
Mais cela me révolte à la fin, ma parole !
Quand on commence, on dit d'abord c'est amusant,
Mais on est irrité toujours en finissant.
Et le mot que l'on dit et qui jamais ne manque,
C'est celui que plus haut vous lisiez : Saltimbanque !

Le pitre sur son front met du rouge et du blanc,
Sur ses planches de bois il parade en riant,
Pendant que le public rit aussi de plus belle,
En écoutant les mots de mon Polichinelle,
Qui se tord, fait l'aimable en se grattant le cou,
Et reçoit un avis touchant, — je ne sais où !
Alors mon cabotin sanglote et se désole,
Et le public, ma foi, rit toujours sur parole,
Car si l'on regardait le pitre d'un peu près,
On verrait bien que rire et pleurs ne sont pas vrais.

Eh bien ! mon cher monsieur, voilà ce que vous faites :
Quelquefois, je vous vois vous moquant des poëtes,
Raillant les bas percés et les souliers à jour,
Des pauvres gens qui n'ont rien qu'un immense amour
Pour cette grande idole, en tous lieux adorée,
Qui pour les gens de cœur est sublime et sacrée,

Et que vous, — que le cœur, je crois, n'étouffe point,
Vous n'avez jamais pu regarder, — que de loin.

Tenez : même ces gens qui font si bien d'écrire
Que lorsqu'on les a lus on ne veut plus les lire,
Banville, Blond Mendez, Pierrot ou Géromé,
Ceux-là sont plus que vous : au moins ils ont aimé!
C'est vrai : la fatuité sous leurs vers se devine,
Mais ils ont quelque peu d'étincelle divine,
Car ils savent parfois émouvoir le lecteur :
Cela vient, cher monsieur, de ce qu'ils ont du cœur.

Et vous? — Oh! Vous avez l'esprit : c'est votre rôle.
Faire comme le pitre, être peint, être drôle,
Et recevoir aussi comme lui, — vous savez? —
Ce présent dont plusieurs sont par vous conservés.
— Mais comme on voit souvent le beau Polichinelle
Mordre qui le nourrit ou lui chercher querelle,
Pour suivre jusqu'au bout un exemple aussi beau,
Vous cherchez vous aussi quelque rôle nouveau.

— « La Grèce m'a choyé? Bien! bavons sur la Grèce!
— » *Figaro* me poursuit et m'appelle sans cesse?
» Bien! soyons son ami, dépensons son argent,
» Et comme l'on me sait un homme de talent,
» On paiera bien ma prose, et puis de par la suite,
» Sur *Figaro* blessé je cracherai bien vite! »
Mordieu! pour vous punir de tout, monsieur Judas,
Ce serait encor peu de cent Gaëtanas!

— Mais vraiment je m'emporte : agréez mon excuse :
J'aime un peu la franchise, hélas, et j'en abuse.
Mais je veux jusqu'au bout être un homme poli,
Et cet emportement n'était que de l'oubli!

Vous êtes maintenant, — et comment? je m'en doute, —
Arrivé tout rampant aux trois quarts de la route;
Bien bas on vous salue, et vous avez l'habit
Constellé d'un objet que certain prince y mit.
Bientôt l'académie, — hélas ! les morts vont vite,
Vous choisira pour sien, et je l'en félicite.
Mais alors, retenez ce que dit autrefois
Lamartine à Hugo, — ces deux poëtes-rois,
Faisant fraterniser leurs deux gloires amies :
« Nous sommes partagés en deux académies
» La petite et la grande; et la grande est pour vous! »

J'affirme que pour vous les petits seront tous!

Mais pardon; j'oubliais : vous êtes un Voltaire,
— Comme le corps à l'âme et l'ombre à la lumière;
Mais puisque j'ai tant fait que de citer Hugo,
Laissez-moi rappeler pour finir ce morceau,
Un vers que vous savez, mais que la foule oubie,
— Un vers sur Arouet, — « *Ce singe de génie*
» *Chez l'homme en mission par le diable envoyé* (1).
Et quand ce nom « Voltaire » à vous fut octroyé
Par quelque ami, sans doute, et vraiment pas trop bête,
Heureux de vous trouver une belle épithète,
Quelques gens se sont dit, — le monde est si méchant! —
« Oui, deux singes, c'est vrai : le petit et le grand! »

(1) Victor Hugo. *Contemplations.*

21

TROISIEME LETTRE.

A MONSIEUR SAINTE-BEUVE.

Ainsi c'est décidé de par votre sagesse :
Il ne faut croire à rien qu'à l'incrédulité,
Il faut nier tout : Dieu, l'amour et la jeunesse,
Rien au ciel, rien partout : voilà la vérité.

Soit : j'aime mieux passer, puisque c'est nécessaire,
Pour un fou dénué d'esprit et de talent,
J'aime mieux que l'on rie un peu de moi sur terre,
— Si l'on daigne de moi s'occuper cependant;

Mais je te garderai du moins, ô Foi sublime,
Mère de ce qui naît de grand au fond du cœur,
Toi, pauvre délaissée et dernière victime
De ces faux grands esprits qui nous soufflent l'erreur.

Ils ont tué d'abord l'Ame, ta sœur divine,
Ensuite ils ont brisé la Vertu dans leur main,
Puis, du cœur que le ciel mit dans notre poitrine,
Ils ont fait un haillon pour tout le genre humain!

Alors, ivres de joie et fiers de leur ouvrage,
Ils ont craché l'insulte à la face de Dieu,

Et comme épouvantés de ce dernier outrage,
— Nains, d'avoir insulté le géant du ciel bleu,

— Ils ont voulu sortir du fond de l'âme humaine,
Toute forte croyance et toute honnêteté,
Et t'ont raillée après, toi, baume à toute peine...
Tu n'étais plus la Foi, mais la Crédulité !

Soit ! ce nom je l'accepte : il est doux à mon âme ;
— Heureux celui qui croit, car il n'est pas usé :
Car son cœur, toujours chaste et pur comme une flamme,
Des choses d'ici-bas n'est pas désabusé.

Soit : crédule ! mieux vaut ce nom qu'un autre encore,
Car il est doux de croire à Dieu, Père éternel,
A l'amour, à la gloire, à tout ce qu'on adore...
— Mieux vaut laisser l'absinthe et s'abreuver au miel.

Décidément notre âge est un siècle barbare ;
La Raison s'est enfuie en se voilant le front,
La Foi n'est qu'un objet qu'on brise et qu'on égare,
Perdons-la, pour du moins la sauver d'un affront !

Mais vous, monsieur, vous grand par le talent et l'âge,
Vous, notre maître à tous, jeunes gens qui venons,
Vous, poëte, — pourquoi briser la grande image
Qui reste du passé de nos traditions !

Allez ! par les Renans qui nous viennent sans cesse,
Nos jeunes cœurs déjà sont beaucoup attaqués ;
N'aidez pas à corrompre encore la jeunesse,
Nous avons bien assez des prêtres défroqués !

Quelques-uns sont venus pour faire des scandales
En bavant sur la croix, fille du Golgotha,
Et du Dieu qui sommeille au fond des cathédrales,
Faire un conte d'enfant pour celui qui s'en va !

Pourquoi nous l'enlever cette chère croyance
Qui fait les hommes forts et les honnêtes gens ?
— Celle qui donne à tous l'amour et l'espérance,
Ne peut pas être un conte écrit pour des enfants !

Allez ! laissez-nous-la, cette foi qui succombe,
Et qui nous vient après trente siècles passés...
— C'est elle qui sourit à l'homme vers la tombe,
C'est avec elle aussi que l'on nous a bercés !

QUATRIEME LETTRE.

A M. MIRÈS.

— Excusez-moi, monsieur, je viens vous déranger :
Mais j'ai grand embarras, vous allez en juger.
Un de mes bons amis que sa bourse importune
Le plus rapidement voudrait faire fortune,
Même lui fallût-il, — voler, — disons le mot, —
Dans la poche d'un homme ou trop bête ou trop sot.
— De plus, son grand désir, que je ne comprends guère,
Est d'avoir un journal tout armé pour la guerre,
Qui pourrait au besoin avoir vite juré,
Que nul n'a plus que lui droit d'être vénéré :
— Troisièmement, il veut poser pour l'honnête homme,
Chose fort difficile avec le reste, — en somme,
— Aussi, ne sachant pas quel conseil lui donner,
Veuillez, mon cher monsieur, encor me pardonner,
Si je viens vous prier de lui faire entendre.
— En un mot : dites-moi, — comment doit-il s'y prendre ?

23

A GEORGE SAND.

— Non, — qu'on ne vienne plus nous répéter encor
Que notre âge est de fer, — et que l'autre était d'or,
— Non! qu'on ne vienne plus nous jeter à la face,
Que tout ce qui fut grand dégénère et s'efface,
Toi seule suffirais à les faire mentir,
Car tu n'es pas encor disposée à partir!
Pardonne, si je viens troubler ta solitude,
Mais si Dieu t'a donné la lyre qui prélude,
Aux grands enfantements pour l'immortalité,
Laisse-moi saluer ton grand nom respecté!
Nous autres, les enfants de l'âge qui commence,
Nous n'avons rien de grand à chérir en silence,
Et nous devons venir aux temples d'autrefois,
Courber nos jeunes fronts devant ceux qui sont rois!
Salut! — Daigne permettre à moi, chétif poëte,
De te dire une fois tout ce que l'on répète,
Afin de conquérir, sans l'avoir espéré,
Un sourire lointain au poëte ignoré,
Qui, joignant son respect à sa mince parole,
Est venu se courber devant la grande idole,
Cette idole chérie, au cœur rempli de feu,
Que l'on nomme génie, — et qui nous vient de Dieu.
Et si j'avais plus tard le nom que chacun rêve,
S'il arrive qu'un jour ma parole soulève

Les applaudissements d'un parterre énivré,
O poëte, permets qu'en ce jour désiré
Je vienne de nouveau saluer ton génie.
Au nom du souvenir, frère de l'harmonie,
Car tu fus à la fois, dans ce siècle d'erreur,
Homme par le génie, et femme par le cœur !

24

A VICTOR HUGO.

I

On dit que la jeunesse est morte, ô grand poëte,
On dit qu'il n'est plus rien dans les cœurs de vingt ans,
Qu'en nos débiles mains si la lyre est muette,
C'est que nous sommes tous vieillards avant le temps.
On dit que les enfants de l'âge qui commence
Sont plus froids que n'était Lazare d'Israël,
Quand, sous les yeux du Christ, dans son cercueil immense
Il dormait au tombeau du sommeil éternel.
— Réponds-moi ! — N'est-ce point un horrible blasphème
Que de jeter sur nous le voile du néant?
N'est-ce point insulter au culte de Dieu même,
Que de stériliser le cœur de son enfant?
Puisqu'il nous a créés si grands et si robustes,
N'est-ce point pour porter sur notre dos voûté
Ce monde infranchissable, où pour les hommes justes
A chaque heure du jour sonne la liberté?
Eh bien ! ceux qui voudraient décourager notre âme,
Ceux qui disent toujours que notre cœur est froid,
Que nous sommes usés par la débauche infâme,
Ceux-là ne faut-il pas les flétrir? — Réponds-moi !

Toi, le chantre au cœur pur et l'immortel poëte,
Toi seul peux ranimer nos esprits : — parle donc !
Apprends-nous à lutter comme toi, grand athlète,
Parle, et déjà chez nous une voix te répond.
Sois l'Isaï vengeur de la lutte nouvelle ;
Tu peux, tu peux chanter, car ta lyre est de feu ;
Tes lèvres nous diront la parole éternelle,
Et plus sublime encor que l'envoyé de Dieu.
Dis-nous comment sont morts les héros de l'autre âge,
Canaris et Jackson, Kleber et Kowalski,
Dis-nous comment jadis on avait du courage...
Tu peux, — tu dois parler : nous en avons aussi !

II

O déesse ! ô déesse ! enfant des Thermopyles
Où les vieux héros morts sont couchés immobiles,
Maîtresse de Brutus et de Léonidas,
Pourquoi de ton cercueil ne nous parles-tu pas ?
N'avons-nous pas vingt ans et du sang dans les veines ?
Le cœur gonflé d'amours, de regrets ou de haines ?
N'avons-nous pas au front la couronne d'un roi,
C'est-à-dire : l'espoir, le courage et la foi ?
L'espoir en l'avenir, qu'une naissante aurore
Fait briller à nos yeux plus radieux encore,
L'avenir, ce poëme où l'on déchiffre tout,
La liberté, la lutte et le triomphe au bout !
Le courage en voyant un immortel poëte
Ceindre pour nous sauver le bandeau du prophète ;
La foi, quand l'univers, enfantement divin !
Voit surgir des soldats tout armés de son sein !
Crois-tu que parmi nous, enfants aux fronts timides,
Il n'en est pas d'amour et de triomphe avides ?

On nous jette l'insulte au front? méprisons-la!
Et lorsqu'on nous verra si forts, — on nous craindra!

III

La preuve que nos cœurs sont encor pleins de vie
C'est que nous avons su comprendre ton génie;
C'est qu'après dix-huit ans de silence, — ta voix
Nous a paru plus belle encore qu'autrefois!
Hernani, c'est bien toi! — L'homme à l'âme puissante
Qui fait trembler les cœurs avec sa voix ardente;
Mais plus sublime encor que ton héros, — jamais
Tu n'as courbé le front sous un maître. —
J'aimais
A me dire tout bas : « Il est un grand poëte
A qui le ciel donna mission de prophète,
Un homme dès longtemps prédestiné par Dieu,
Un homme à la voix mâle, un homme au cœur de feu!
Et cet homme, — ô blasphème, — on lui jette à la face
L'insulte qu'on dirait à l'étranger qui passe, —
— En oubliant qu'il porte un monde dans son front!
Plus justes nos enfants en murmurant ton nom
Diront : « Il fut plus grand que tous les grands poëtes! »
Et puis, en inclinant avec respect leurs têtes
Ils se diront encor : « Qu'étaient donc nos aïeux
» Que Dieu leur envoyait de tels hommes des cieux?
. . . .

IV

Tu le vois, la jeunesse est forte, ô grand poëte,
Un grand feu brûle encor dans nos âmes d'enfants :
En nos débiles mains la lyre était muette,...
Tu nous as réveillés... Nous avons tous vingt ans !

Paris. Vendredi 5 juillet 1867.

25

A ALFRED DE MUSSET.

Je me souviens qu'à l'âge où l'on commence à vivre,
A l'âge où tout s'éveille au toucher du printemps
Je me souviens qu'un soir, pensif, j'ouvris un livre,
Pour connaître l'amour et l'homme avant le temps.
C'était, m'avait-on dit, une œuvre de délire,
Un poëme enfanté dans un jour de douleurs.
Ce chant obscène et brut modulé par la lyre
Où sous un rire affreux on voit briller des pleurs.
Je l'ouvris, et cherchant le nom de ce poëte,
Je sentis que ma main sur le livre tremblait.
Que mon cœur était pris d'une angoisse secrète...
J'ouvris, et j'y vis un nom tracé... Musset!
C'était Rolla! Rolla, ce héros d'un poëme
Où tout est confondu, grandeur, impiété!
Où la sainte prière y coudoie un blasphème,
Où le cœur, tour à tour est vide et transporté!
Rolla, ce don Juan des amours de coulisses,
Où s'échange un peu d'or contre un baiser vendu;
Rolla, ce dieu tombé, beau même dans ses vices,
En lui s'est incarné le poëte déchu!
Mais dans ces vers de feu, burinés de génie,
Dans ces éclats brûlants où se tord sa douleur,
Il a versé son âme avec sa poésie,

Il a comme allié son délire et son cœur !
Tantôt, c'est pour lancer à la face blêmie
Du Christ mourant, percé des clous du Golgotha,
Une imprécation sublime, échevelée ;
Tantôt, c'est pour montrer l'ivresse de Rolla
Debout, les yeux hagards, devant sa bien-aimée !
Il creuse les tombeaux, et fouille au Panthéon
Pour déterrer les os décharnés de Voltaire...
Puis une blonde enfant apparaît, — Marion

Courtisane à quinze ans, vierge que vend sa mère !
Ami, je dévorai le cœur dans un étau,
Ces vers qui m'effrayaient de leur flamme terrible ;
Je relus chaque vers, je relus chaque mot ;
Je me sentais saisi d'une crainte indicible.
Je les relus encore, je les relus toujours,
Consacrant dans mon cœur un autel au poëte :
Depuis lors, bien des jours ont remplacé des jours,
Et sa harpe pour moi n'est pas encor muette :
Il fut plus qu'un poëte, un homme : il fut un dieu !
Son luth en moi répand un embaumé dictame :
Quand je l'entends, mon cœur devient un cœur de feu...
Musset est l'Ossian des pleurs — et de la femme !

26

LES CALOMNIÉS.

— Allons, résignez-vous : tout est fini, mes frères !
Vous êtes tous maudits, flétris et démasqués,
Votre talent ? Un rien ! — Votre esprit ? Des misères !
L'injure et le mépris ne vous ont pas manqués !

C'est qu'ils ont remué, ces bravos de lettres,
Tant de fange en voulant s'intéresser leurs maîtres,
Qu'un immense dégoût dans le cœur vous a pris :
Vous n'avez répondu que par votre mépris,
Car le sang de ceux-là qui vous lançaient l'outrage,
Eût sali votre honneur et vos noms au passage !
Et pourtant, quelle chose affreuse, en vérité,
Que de sentir son âme et son honnêteté,
— Ces deux sublimes biens que tout homme respecte,
Arrêtés, — saisis, — comme une fille suspecte,
— La nuit, — sur un trottoir, — par le premier venu
Qui voudra vous voler l'honneur et la vertu !
C'est révoltant ! —
Les lois ? — Mais il est certains êtres
Qui peuvent les blesser en servant certains maîtres.
Un duel ? — Mais une épée ennoblit qui la tient,
Et ces gens n'ont ni cœur, ni courage, — ni rien !

Que faire? — On ne peut pas cependant sans rien dire
Se laisser jusqu'au sang sucer par le vampire
Qu'on nomme Calomnie, — et qui vous foule au pié,
— Démon qui ne connaît ni pardon, ni pitié!

Wolf? — A quoi t'a servi d'être honnête, pauvre homme?
A quoi l'esprit, l'honneur, l'estime et la vertu,
Puisqu'un être affamé d'or et de fange, — comme
Faisait hier ce maigre et sinistre inconnu,
Peut venir d'un seul coup de sa plume haineuse,
— Sans cause, sans raison, fier et l'âme joyeuse,
Arborant l'étendard de son intégrité,
Cracher l'insulte au front de ton honnêteté!

Rochefort? — Villemot? — Ulbach? — Quelle folie
D'avoir voulu marcher le front haut dans la vie,
Puisque, sur le chemin, ainsi que dans un bois,
— Quelqu'un, — non au-dessus, mais au-dessous des lois,
Vient vous dire, en faisant un effrayant sourire:
« Cher confrère, la bourse ou l'homme, s'il vous plaît! »
Leurs noms...
— Mais, je craindrais, si j'osais les écrire,
De dégoûter les gens que je cloue *au gibet!*
Et Dieu sait cependant, — que le ciel me pardonne
Si j'allais malgré moi calomnier personne, —
Mais ceux que j'ai menés pour pendre à Montfaucon,
N'auraient pas concouru pour le prix Monthyon!

Eh bien! dans tout ce tas ignoble d'immondices,
Une chose a blessé mes dix-neuf ans novices,
C'est qu'un grand écrivain, — un penseur, — le premier
Qui fit sous son courroux la langue se plier,
— Plus encore, — un poëte à la lyre divine,
Qui pleurait dans des vers dignes de Lamartine:

Son dernier-né, — sa fille arrachée à ses bras,
Ait défendu ces gens que je ne nomme pas!
— Quoi! maître, — vous la Foi, l'Honneur et le Courage,
Vous en qui l'on respecte et le génie et l'âge,
Vous, pair des grands penseurs gloire de ce temps-ci,
Donner à ces gens-là Louis Veuillot pour ami!
— N'avez-vous pas songé souvent quelle torture
Vous auriez, si voyant leur sinistre figure.
Un d'eux venait à vous, léger et l'œil serein,
Saluer leur *confrère* et lui tendre la main?

Maître, — moi qui n'ai pas l'honneur, — que je regrette,
D'un nom illustre comme est le vôtre aujourd'hui,
Moi qui ne suis encor qu'honnête homme et poëte,
Ce qui veut dire un fou qui cause de l'ennui,
— Incapable d'écrire un seul « *Parfum de Rome* »
— Si l'un de ces gens-la touchait jamais ma main,
J'aurais honte en sortant d'un pareil entretien
De lui faire toucher celle d'un honnête homme!

27

UNE OPINION.

Quelle est la vraie opinion,
De ce ministre, — disait-on?
— Républicain, bonapartiste,
Franc-maçon ou légitimiste?
— Un passant nous dit : Allons donc !
Il est mieux ! — Il est, — égoïste !

28

REINE ET EMPEREUR.

MONSIEUR PRIM.

..... Et l'on voyait passer fumant des cigarettes,
Les Espagnols noircis par le soleil d'airain,
Quand on vit tout à coup baisser toutes les têtes,
— Un homme paraissait, — une batte à la main !

— C'est le grand Juan Prim, — Prim Ier, — Prim l'unique,
Ce gros bourgeon greffé sur la caisse publique,
Prim, futur Empereur, prophétisé par Dieu :
« Un homme surgira qui vaincra dans ce lieu ! »

— Qu'il est beau ! — Voyez-le, sur sa cavale brune,
Heureux de sa puissance, — et d'avoir pour fortune
L'Escurial, où grille un nouveau Saint-Laurent,
— L'Espagne, — abandonnée aux mains de son tyran !
— Prim Empereur ! — Vrai Dieu, cette farce est trop belle !
— Accourez à ma voix, amis ! — Polichinelle,
Arlequin, Colombine et Pierrot le blanchi !
Venez rire, en voyant tout ce peuple affranchi,
Qui se montrant jaloux de l'Oncle Tom, le nègre,
Vient, — tomber à genoux devant cet homme maigre,

Et dit, — tendant son cou qui naguère tremblait :
« — Monsieur le général, — un collier s'il vous plaît ! »

. . . .

— Si l'Espagne savait ce que coûte un empire !

— N'importe, elle est trop bête et ne prête qu'à rire,
Car je veux qu'on me pende aux murs pour faire peur,
Si je puis me fâcher contre un tel Empereur !

Regardez-le ! « Qui ? moi ! vouloir devenir maître ?
» Messieurs, — répondez : Non ! — à qui dira : Peut-être !
» — Un coup d'état ? — jamais ! je sais ce que ça vaut !
— Parbleu ! vingt millions par an, — comme cadeau !

Puis alors qu'il a dit cette phrase superbe,
Il va dans son alcôve et récite son verbe : —
« — Futur : Je régnerai ! — Pourquoi pas?
— Insensé !
Qui ne sait pas qu'un verbe, — a toujours un passé !
— Ou bien : « — J'ai dit ce soir : Messieurs l'Espagne est grande :
» — Ai-je assez bien parlé ? Voyons, que je demande
» Un conseil à l'ami qui travaille au *Gaulois !*
— Il prend son grand tricorne à plume entre ses doigts !
Et, coupant la meilleure, écrit à son prophète...

O Meilhac ! — quelle histoire à mettre en opérette !

Mais pardon ; j'oubliais en te disant cela,
Le grand général Boum que ta plume créa :
J'oubliais qu'on a vu dans ton opéra-bouffe,
Cascader le héros que son plumet étouffe...
— Bah ! que ce soit plumet ou globe impérial,
Boum parisien ressemble au Boum escurial !
— Et voilà ce qui fait, qu'en me tordant, je songe,
Au héros espagnol que l'ambition ronge.
Car je crois voir toujours ce masque délirant :
— Couderc ressuscité qui joue au conquérant !

ISABELLE II.

— Ils n'ont pas eu pitié d'elle. — Il s'en faut beaucoup.
— Reine et femme, elle avait deux droits à leurs hommages,
Mais ceux qui pour la reine auraient baissé le cou,
Insultent l'exilée, et l'abreuvent d'outrages.
— Ils sont là quelques-uns qui n'ont jamais compris,
Qu'à tout malheur on doit plus que respect, mais culte,
Et tous, ils ont voulu que l'écho de Paris,
Lui redise tout haut une grossière insulte,
Mais moi, dernier venu d'un monde triomphant,
Moi, qui cache un cœur d'homme au fond d'un corps d'enfant,
Je veux mettre à mon tour mon vers dans la balance!
— Femme sans défenseur, — reine sans royauté,
Il ne sera pas dit : nul n'a crié : silence!
— Ton malheur avait droit d'être au moins respecté!
— Elle arrive, pleurant son pays qui la chasse,
Trahie par tous, fuyant, et criant en vain : Grâce!
Seule, dernière enfant échappée aux Bourbons,
Elle arrive, — et soudain, dans votre belle France,
Un long cri qui s'élève en accouplant deux noms,
Vient lui jeter au cœur encore une souffrance.
—C'est lâche!
— Dans ce siècle où le vice est si grand,
On n'a pas distingué la femme du tyran.
On n'a pas dit, quand tous riaient d'un rire bête,
Qu'il vaut encore mieux faire tomber la tête,
Que d'insulter le cœur qui, battant sourdement
Oppose le mépris aux rages d'un moment!
— Insulter une femme! — Et plus encore même!
Quelqu'un qui ne peut pas se battre contre vous,

8.

Qui n'a que la douleur pour répondre au blasphème,
C'est lâche! — Et cependant vous l'avez tous fait, — tous!
Je vous plains!—
Oh! j'entends d'ici l'éclat de rire!
Et je sais mieux que vous ce que vous allez dire!
Quel est-il celui-là qui vient parler en vers?
Qui? — Celui-là, messieurs, — ce n'est rien qu'un poëte,
Qui pour vous arrêter vient se mettre en travers,
Aiguisant son épée, et relevant la tête.
Bien, moquez-vous de moi, — peu m'importe, vraiment.
Je ne viens pas ici faire du sentiment, —
— Certe en la défendant je me rends ridicule,
Mais ce n'est pas devant si peu que je recule,
Si je remplis du moins cet auguste devoir,
Le plus grand qu'ici-bas un homme puisse avoir,
Que nos pères jadis, gardaient sous leur vieille âme,
— Et que nous n'avons plus, — le respect de la femme!

29

LA BALLADE DES DÉCORÉS.

I

Paul de Kock n'est pas décoré,
— Ni Villemessant, — ni de Lisle,
— Ni Lockroy, l'esprit acéré,
Le frondeur aimé de la ville,

— Ni Villemot, le bon bourgeois,
— Ni Daudet, le charmant poëte;
— Mais beau comme le feu grégeois,
Monsieur Dréolle a la rosette!

II

— Albert Wolf, non plus, nouveau Grimm,
— Ni Regnier, le Scapin splendide;
— Non plus, le gros Timothée Trimm,
Plume de fer et corps solide.

— Ni Meilhac, — notre carnaval,
Ni Jouvin, critique prophète,
— Tandis que comme un beau cheval,
Laya duc Job a la rosette!

III

Pourtant ne vous étonnez point,
— O mes confrères qu'on oublie,
Qu'ils soient arrivés à ce point,
Véron, — Duchesne, — ou Claretie !

— Vous tous enfin, nobles esprits,
Devant qui tous baissent la tête...
Pouvez-vous donc être surpris ?...
Voltaire About a la rosette !

IV

— Et de Paris à Samarcand,
Le talent le plus grand peut-être,
Celle qu'on nomme Georges Sand,
La grande femme et le grand maître,

— Celle enfin qui sera pour tous
Notre gloire la plus complète,
— Ne l'est pas, — quand autour de nous,
Tant de faquins ont la rosette !

30

A ALEXANDRE DUMAS.

I

Maître, merci. —
— Jadis, quand plein d'ambition,
Je cherchais un appui pour mon illusion,
— Le sang pur de mon cœur, et le fruit de ma veille,
A ma trop jeune voix tous ont fermé l'oreille,
Et toi seul, oubliant, une heure, en souriant,
Ton œuvre de granit que l'avenir attend,
Tu penchas sur mon front ta gloire souveraine,
Et ta muse se tut pour écouter la mienne;
Trois ans tu fus pour moi l'auguste conseiller,
Toujours doux pour sourire, — ou prêt pour consoler,
— Trois ans, tu me laissas écouter l'harmonie,
Qui venait à l'enfant du vieillard de génie,
Indulgent et sévère, — aimable et rude, — aussi,
Laisse-moi m'écrier tout haut : Maître, merci !
— O toi, le meilleur cœur et l'âme la plus douce,
Qui toujours vous accueille et jamais ne repousse,
Te souviens-tu des jours, si vite disparus,
Où ta voix me parlait du beau temps qui n'est plus !
— De l'âge si fécond en héros et poëtes,
Qui d'admiration fait incliner nos têtes,

L'âge où Hugo, Musset, s'avançaient avec toi,
Au front ayant la force, au cœur ayant la foi?
Où Charles VII passait, auprès de Bérangère,
Et d'Yacoub, — pleurant sur la terre étrangère!
— L'âge où Monte-Christo, le terrible vengeur,
Cœur de désespéré dans un corps de songeur,
Allait grave et pensif, image du poëte,
Qui suit sans en sortir, la route qu'il s'est faite.
— Te souviens-tu, dis-moi?
— Tu parlais, — l'œil en feu!
— Moi, rêveur, j'écoutais; et ces hommes de Dieu,
Rendus plus grands encor par le prisme de l'âge,
Me faisaient frissonner d'ardeur et de courage!
— Souvent, lorsque j'errais, seul, au milieu des bois,
J'apercevais un chêne immense, — qui parfois
Comme un géant pensif inclinant son front sombre,
Couvrait tous les petits arbustes de son ombre.
— Près de lui se dressaient comme des nains, — tous ceux
Qui collaient leur racine aux flancs du chêne vieux;
Et si l'on regardait ces plantes dénudées,
L'arbre semblait plus grand de cinquante coudées.
— De même, en rappelant les hommes d'autrefois,
Dont la France écouta pendant trente ans les voix,
Plus d'un de tous ceux-là qu'aujourd'hui l'on renomme,
Loin d'être un grand penseur, me semblait moins qu'un homme,
Tant le dur réalisme et le doute, — avaient mis
Comme un linceul glacé sur leurs fronts affaiblis!
— Car lorsqu'on ne croit pas en Dieu, — ô cher grand maître,
Quand l'âme est orgueilleuse et dit toujours : peut-être!
Le poëte est petit, ses chants sont superflus,
Et dans les hauts pays il ne s'envole plus,
Car, sa vie et son âme, en ce monde occupées,
Ne le soutiennent pas... — ses ailes sont coupées!
— Regarde!
— Nul de ceux qu'on illustre aujourd'hui,

N'a vu Dieu dans son œuvre ; — il n'a chanté que lui.
— Lui seul ! et lui toujours, l'auteur !
                                        — Orgueil immense !
Oui, la force finit où le doute commence,
— Sans la foi, nul ne peut se hausser jusqu'au beau :
Entre le ciel et lui s'est creusé le tombeau !

II

Aussi, quand tu m'as dit qu'il est triste de lire,
Dans les vers d'un enfant l'orgueilleuse satire,
Et que le premier cri du poëte qui naît,
Doit être un chant qui rêve et non un chant qui hait,
J'ai songé, me disant que, moi, l'obscur poëte,
A l'âge où tout reluit, où la vie est en fête,
J'aurais mieux fait sans doute en laissant de côté
Ce luth, vibrant encor, d'avoir trop insulté.
Je me suis dit, pesant ta parole en moi-même,
Que je ne devais pas, par un cri de blasphême,
Débuter dans la vie, — et qu'il eut mieux valu,
Rester dans le repos où tu m'avais connu.
— Avais-je bien le droit, poëte obscur, en somme,
De me choquer, enfant, contre un adversaire, — homme ?
Et ceux que j'outrageais ainsi superbement
Qui sait ? — me répondraient peut-être, — en se taisant ?
— Mais j'ai bien réfléchi, —
                                        Dégoûté par le vice,
J'ai marché l'œil ouvert, tout droit au précipice,
Sachant bien que l'appui ne manquerait pas,
Car je chante tout haut, — ce qu'on pense tout bas !
Interprétant la voix qui parle dans la foule,
J'ai transcrit ce qui vient de la vivante houle,
Mépris, haine et dégoût pour tous ceux que tu sais,
Certain que l'on dira souvent : ces vers sont vrais.

— Oui, je suis un enfant, qui ne fais que de vivre,
Mais si je veux rester toujours honnête, — et suivre
Le chemin qu'a tracé le Christ à tout mortel,
Si je vais sans pâlir, les yeux fixés au ciel,
Le cœur droit, — l'âme pure, et défendant sans cesse,
Dieu, la Pudeur, l'Amour, — la Femme et la Jeunesse
Qu'importe que je sois né d'hier seulement,
Qu'on détourne la tête en disant : un enfant!
Qu'importent le mépris, les insultes, la haine,
Si cette haine-là pâlit devant la mienne!

III

Vous savez ce qu'on dit du poëte à présent.
On en rit! — On le traite en vassal impuissant,
Comme un pauvre orgueilleux sans raison et sans âme,
Qui chante Dieu, l'Amour, la Jeunesse et la Femme!
Un Damné : — je l'ai dit et le redis encor,
Qui dans sa vanité se repose et s'endort!
— Puis derrière, a-t-il pas sa famille qui pleure?
« Lui poëte! Mon Dieu! j'aime bien mieux qu'il meure! »
Partout on le regarde ainsi qu'un histrion,
Effeuillant sans pitié sa verte illusion,
Et pour ne lui laisser à l'être qu'on déchire,
Qu'un geste de dédain ou qu'un éclat de rire!
— Que voulez-vous qu'il fasse alors, cet enfant-là?
Que même sa famille en riant insulta?
Vous voulez qu'oubliant le fiel dont on l'abreuve,
Il trouve de l'amour dans son âme encor neuve,
Et déjà déchirée, à moitié... — Vous voulez,
Qu'ayant l'âme et le cœur dégoûtés, désolés,
Il trouve tout beau, grand, vertueux et sublime?
— Mais qu'on ne dise pas alors — que c'est un crime
De chanter! — Vous voulez qu'il vous parle d'amour?

— Où donc est celle-là qui voudrait en plein jour,
Ne craignant pas la lutte et méprisant la haine,
Unir, sans hésiter, sa main avec la sienne!
— Non! ne demandez pas au chantre d'aujourd'hui,
D'être clément, alors qu'on s'éloigne de lui,
Ne lui demandez pas de vous parler encore,
De repos et d'amour, — ces choses qu'il ignore! —
On naît.
— Puis on grandit.
— Puis l'âge augmente.
— Alors,
Comme de longs frissons vous traversent le corps :
On est pieux : on croit : on aime..— Qui? — le sais-je?
— Un nuage, — un rayon de soleil, — ou la neige, —
— Ou le premier oiseau qui gazouille au printemps,
Lorsque les bois sont verts et les cieux éclatants;
— Puis comme il faut être homme, et décider sa vie,
On jette autour de soi les yeux avec envie :
— Comme le monde est beau! comme le ciel est bleu!
On va, le cœur léger, pour remercier Dieu, —
Dieu qui vous a fait naître, — et qui vous laisse vivre.
— Et puis bientôt le mal vient, — et vous désenivre.
— Une femme vous trompe; un ami vous trahit.
On se moque de vous; sans pitié : — l'on vous fuit,
On vous jette à l'oreille une phrase railleuse; —
— Car vous aviez senti votre âme si joyeuse,
Vous étiez si rempli de chansons et d'amour,
Que vous aviez voulu les chanter en plein jour.
— Alors, on réfléchit : et la tête se penche.
A votre illusion, l'un prend sa robe blanche,
L'autre vous désespère, et vous montre les dents.
— Alors on devient triste, — et l'on n'a pas vingt ans!
— Autour de soi, des gens — pitres de la pensée,
Semant partout le mal de leur plume exercée;
Des About, des Vallès, des Zola, — histrions!

Saltimbanques, usés, avec des passions
Qui voudraient renverser la vertu sur la terre,
Parce qu'ils n'ont pas pu se déguiser derrière!
— Un Renan vient cracher sur le front de Jésus,
Pour gagner de l'argent, parce qu'on ne le lit plus!
M. Mirès écrit et fait de telles œuvres,
Qu'il a pour les défendre un journal de couleuvres.
Deux inconnus jetant leur bave sans merci
Vont apprendre partout, le nom d'un de Bussy!
— Et lorsque le jeune homme, en entrant dans ce monde,
S'enfonce jusqu'au cou dans cette fange immonde,
Vous voulez que riant à cet âge nouveau,
Il incline le front en s'écriant : bravo!
— Jamais!
— Certes parmi ceux que je stigmatise,
Certains sont vos amis, — eh bien! je les méprise!
— Pardon! maître; pardon.
— A vous qui m'avez fait
Tant de bien par le cœur, — vous si grand en effet,
Pardonnez si ce livre en quelqu'endroit vous blesse,
Mais c'est un cri d'effroi que pousse ma jeunesse!
—Je suis bien triste!
— Enfin, laissez-moi hautement,
Dire combien pour vous mon cœur bat chaudement,
Car vous m'avez aimé, vous l'illustre poëte,
Car vous — dont la carrière est si grandement faite,
En vous baissant vers moi vous m'avez accueilli...
Devant tous, quels qu'ils soient, cher grand maître : merci!

31

MONSIEUR LE COMTE WALEWSKI.

Pour que je vienne encore en parler à mon tour,
— Comme un autre l'a dit, — sa tombe est bien ancienne,
Depuis lors, bien des fois la nuit suivit le jour, —
— Mais je veux déposer mes regrets sur la sienne.

Il fut noble de cœur, et noble de talent;
Or dans ce temps de lutte où l'homme toujours baisse,
Il est heureux celui qui peut en s'inclinant,
Saluer dans un mort cette double noblesse!

Quand d'autres ont senti s'effondrer leur pudeur
Au vent d'ambition qui leur courbe la tête,
Pour lui, ces quelques mots auront bien leur grandeur:
« Il fut souvent ministre et fut toujours honnête! »

32

CETTE FEMME-LA.

A Mlle L***.

Supposez dans le corps d'une Laïs antique
Un cœur froid comme marbre et qui n'a point battu;
Dans des yeux jaunes-noirs une flamme érotique
Et des lèvres parlant sans cesse de vertu.

C'est elle, — ce démon ignoble, — cette femme
Qui se plaît à suer l'or dans son lit brodé,
Qui d'un baiser sait faire un diamant infâme...
Vous la connaissez tous : à tous elle a cédé.

Aux uns, elle a vendu son amour à tant l'heure,
En le faisant payer toujours au juste prix :
Aux autres plus clémente elle ouvrit sa demeure
Et leur donne, à son tour, une nuit, mais gratis.

Je ne te connais point, — ô courtisane immonde,
Mais quand j'entends quelqu'un qui me parle de toi,
Je me sens aussitôt au cœur l'horreur profonde
Que j'éprouve en voyant un crapaud devant moi.

S'il en est quelques-uns que tu pourras séduire
A cause de ton corps souple comme un vieux gant,
D'autres parlent de toi dans un éclat de rire,
Et se moquent tout haut de ton air arrogant.

Je te vois t'écrier: Il insulte une femme!
— Une fois, quitte un peu ton air comédien;
Un être comme toi, vil, misérable, infâme,
N'a pas de sexe, — il est encore moins que rien!

33

CHANSON.

I

— Boum, vois-tu là-bas ces chevaux
Qu'on a si bien peint sur la toile!
Je veux que parmi mes tableaux
Ceux-ci brillent comme une étoile...
Va les acheter, mon ami,
Quel que soit le prix qu'on demande,

— Sire, vous serez obéi!

— Va, Boum! — Et que le ciel t'entende!

II

— Boum, vois-tu là-bas ce cheval
Qui galope à travers la plaine!
Eh bien! je veux, mon général
Que tu l'achètes pour la reine.
Dans nos haras de Gérolstein,
La surprise sera fort grande...

Sire, vous l'aurez ce matin!

— Va, Boum, et que le ciel t'entende!

III

On a dit sans penser à mal,
Qu'en les achetant pour son maître,
Pour chacun d'eux, le général
Vola vingt mille francs, peut-être...
Mais savez-vous le vrai prix qu'ont atteint
Les deux chevaux dont Paul avait envie?
 — La mort paya le cheval peint,
 Un soufflet le cheval en vie!

34

LES SECONDS GÉANTS,

A LA MÉMOIRE DU GÉNÉRAL STONEWALL JAKSON,

TUÉ SUR LE CHAMP DE BATAILLE.

Un conquérant l'a dit : le sort en est jeté !
Tous les soldats sont morts, — morte la liberté.
Morts tous les grands désirs de notre indépendance ;
— Au delà de la tombe il n'est plus d'espérance...
Et quelques vains désirs d'un peuple terrassé,
Voilà tout ce qui reste encor d'un grand passé ! —
— Néant ! néant ! partout. — Des ossements sans nombres,
Des sépulcres blanchis visités par des ombres,
Des ruines, des pleurs, des larmes et du sang,
Ont été le tombeau d'un peuple triomphant.
— Mais le Sud fut si grand, si noble dans sa chute,
Qu'on aime à le chanter après cinq ans de lutte :
Un peuple dont le cri fut : Mort et Liberté,
Est plus fort que l'insulte et que l'éternité.
Son trône est cimenté de sang et de carnage,
Et son nom désormais s'en ira d'âge en âge,
Respecté par l'oubli du peuple et du temps
Porter, — comme un écho de gloire à nos enfants !
— Un jour, nos fils ont vu comme autrefois dans Rome,
Leurs destins tout entiers dans les mains d'un seul homme,

Alors ils ont saisi l'épée au dur tranchant,
En donnant : Liberté ! pour mot de ralliement,
— Et tous se sont armés ! — Enfant, vieillard et femme,
Ont pris pour le combat le glaive et l'oriflamme,
Et promenant partout la guerre et le trépas,
Rendu meurtre pour meurtre, et combats pour combats.
Mais combien sont tombés des guerriers et des hommes !
— Adieu, guerriers d'un jour ! — Adieu, jeunes fantômes !
— Adieu, pauvres enfants que la mort immola !
—Votre sang,—vos combats,—vos pleurs et vos souffrances,
Dorment ensevelis avec vos espérances,
Le passant devant vous, peut dire : un peuple est là !
— Des lâches ont voulu baver sur notre gloire,
Mais nous avons pour nous l'impartiale histoire,
Mais nous avons pour nous un immense avenir,
Quand on voudra du Sud encor se souvenir !
— Ils nous ont bien compris les fils de la Vistule,
Ils nous ont bien compris car nous sommes comme eux !
— Comme eux, notre étendard devant rien ne recule,
Comme eux, nous pleurons tout un passé glorieux !
— Comme eux nous avons eu nos héros et nos gloires,
— Mais un jour — de nos mains le fer s'est dérobé,
Vaincus, lassés de tout, même de cent victoires,
Nos soldats sont partis et le Sud est tombé !
— Eh bien ! il est plus grand encor, vaincu que libre,
Car nos fils ont reçu leur baptême de sang !
— La gloire est comme un luth dont partout le chant vibre,
Il exalte, il enivre et crée un combattant !
Chacun de ces enfants au bras faible et débile,
Devient homme en un jour s'il pense à ses aïeux,
Il revêt la cuirasse,-et pour faire comme eux
De dangers en dangers, il va de ville en ville !
— Une cavale errait au milieu des savanes,
Un cavalier la vit et bondit sur son dos,
En poussant devant elles, obscures caravanes,

Ceux qu'avaient épargnés ses terribles sabots!
— Il la fit galoper dans l'Amérique entière,
Marchant, marchant toujours sans trêve ni repos;
— C'étaient partout le sang, et la mort et la guerre.
— Quand venait un obstacle ils passaient au travers,
Mais à la voir si grande, et si noble, et si belle,
On eût dit un lion qu'un léopard appelle
A venir disputer l'empire des déserts.
— Son œil étincelait dans sa fauve prunelle,
Le cavalier disait : Liberté pour nos fils.
Mais un jour il tomba, frappé sur des ruines,
Et partout résonnait, comme une voix divine,
Ce que la haine apporte encore : *Væ victis!*
— *Væ victis! Væ victis!* c'est le cri d'esclavage,
C'est le cri qu'a jeté le Czar aux Polonais,
Le cri désespéré de fureur et de rage,
Qui dit, « vainquons d'abord pour nous venger après! »
— Mais, oubliez-vous donc, vainqueurs aux faces blêmes,
Que le jour n'est pas loin où nous répondrons tous
Par des cris de vengeance à vos cris de blasphème,
Où devant nous, alors, vous plierez les genoux?
— Mais oubliez-vous donc qu'un jour viendra peut-être,
Où nous nous heurterons encore en frémissant,
Où le Sud, à son tour, vainqueur et resté maître,
Dans le monde étonné viendra prendre son rang?
— La Pologne a lutté, le Sud fera comme elle!
— Oui! — malheur aux vaincus de la lutte nouvelle!
Car tous y prendront part; et la femme et l'enfant,
Effaceront un jour l'insulte avec du sang!
On dit que le lion, chassé de son repaire,
Dans le fond des forêts s'enfonce en rugissant,
On le voit, — secouer sa fauve crinière,
Et sur un roc poudreux, — étendu, — l'œil ardent,
Il guette le chasseur pour commencer la guerre.
— Malheur! malheur alors à l'homme qui vient là!

Son cercueil est ouvert béant : le Sahara.
— Il ne reverra plus sa fidèle cavale
Qui luttait de vitesse avec l'oiseau des mers...
Un jour, — longtemps après, peut-être, — la rafale
En chassant vers le Sud les sables des déserts,
Verra-t-elle au milieu de ses tourbillons, — comme
Un corps... —
— Mais qui dira : Celui-là fut un homme ?

L'auteur avait quinze ans quand il écrivit cette pièce qui pourrait être datée de la Nouvelle-Orléans. — Son pays venait d'être dévasté par la guerre, et une barrière semblait dressée à tout jamais entre le Nord et le Sud. Mais aujourd'hui, quatre ans ont passé sur toutes ces ruines. Le vainqueur a été généreux, et le vaincu a pardonné. Frères comme par le passé, le Nord et le Sud, — Caïn et Abel, — seront frères dans l'avenir.

Après bien des troubles, le calme est venu, et dernièrement encore, l'élection du général Grant, un cœur de héros et une âme d'honnête homme, a rassuré tous ceux qui tremblaient, — ennemis d'hier et amis d'aujourd'hui. — Néanmoins, l'auteur de ce petit livre, n'a pu résister au désir de mettre cette pièce, la seule, avec *Magdeleine*, qui date d'aussi loin, — dans son premier livre, comme un souvenir lointain de la patrie absente ! — Que le lecteur lui pardonne.

35

A MADEMOISELLE ANAÏS FARGUEIL

Après avoir vu MAISON NEUVE.

Non, la grandeur de l'art n'est pas encor finie ;
A chaque âge nouveau naît un nouveau génie
Plus fameux que celui qui l'avait devancé :
Rachel a fait, vingt ans, battre le cœur du père ;
Mais le fils, à son tour, en t'écoutant, préfère
La muse du présent à celle du passé !

Mercredi soir, 9 décembre 1866.

CINQUIEME LETTRE.

A M. DE GIRARDIN.

— Bonjour, monsieur Émile. — En tout bien tout honneur,
Je viens vous saluer, de vassal à seigneur,
Car écrivant un livre, où je parle des hommes,
Illustrés bien ou mal dans le siècle où nous sommes
Certes, je ne peux pas vous laisser de côté,
Vous, — l'homme de la mèche et de la *Liberté*.
— (La *Liberté*, journal, — s'entend, — car la déesse,
Dont tous les grands esprits doivent rêver sans cesse,
Celle pour qui sont morts Spartacus et Caton,
Au temps où l'on portait César au Panthéon,
Vous l'échangeriez bien contre un bon ministère :
— Mais bah ! Taisons-nous; car ce n'est pas notre affaire.)
— Un jour que je passais par un petit hameau,
Je vis un grand monsieur en habit bleu-barbeau,
Qui criait, en montrant une baraque jaune :
« Entrez ! entrez, messieurs, vous verrez sur son trône,
» Assis, Tien-Kou-La-King, Empereur du milieu,
» De Chine et de Japon, par la grâce de Dieu !
» Et sans compter encor mille choses sublimes,
» Tout cela pour trois sous ! Trois sous ! Quinze centimes. »

— J'entrai. — Mais par malheur une dame sortit
De sa poche un miroir, et Tien-Kou-La s'y vit,
Et dit, — sans respecter son auguste personne, —
En riant comme un fou : — « Vraiment elle est bien bonne ! »
— Dites-moi, cher monsieur : lorsque la plume en main,
Vous rêvez de changer le sort du genre humain,
Dites, n'avez-vous pas souvent besoin de rire,
En pensant qu'un badaud sérieux va vous lire,
Et prendre, — Girardin ayant force de loi, —
Vos articles de fond comme articles de foi ?
— C'est impossible. — Vrai, pour peu que l'on y pense,
Cela vous fait pousser l'éclat de rire immense,
De ce pitre à trois sous, dont je vous ai parlé,
En empereur chinois se voyant habillé !
— Oh ! quel succès j'aurais, si, directeur de troupe,
D'acteurs si bons que vous je pouvais faire un groupe,
Et mettre sur l'affiche, — en vedette : « Ce soir,
» Pour trois sous, le public de céans pourra voir,
» Le grand Émile faire un tour de passe-passe,
» En mandarin lettré de huit centième classe,
» Avec le bel About en Pierrot. » — Quel succès !
J'y crois, bien que je sois modeste avec excès,
Puisqu'à votre journal le badaud qui s'abonne,
Risque, sans hésiter, les trois louis qu'il donne,
— Pourtant, monsieur, je crois, — et le dis franchement,
Que lorsqu'un homme veut parler journellement,
Et dire, à ce public accouru pour l'entendre,
Quel est le vrai chemin qu'ici-bas il doit prendre ;
Lorsqu'il veut, répandant sa pensée et son cœur,
Montrer ici le bien, et là le déshonneur,
Il faut au moins qu'il ait un passé sans souillure ;
Car il faut pour écrire une main forte et pure.
— Or, — moi, qui suis enfant et qui n'ai pas vécu,
En écoutant l'écho, j'ai souvent entendu ! —
— Et cet écho disait que, violant la chance,

Vous aviez, — désirant une fortune immense, —
Pour avancer plus vite, et chauffer votre train,
Pris, en fait de charbon, celui de Saint-Bérain.
— Sans doute vous direz : mensonge, calomnie!
Mais souvent l'accusé paye d'audace et nie,
Et, même en admettant que l'écho soit menteur,
Que le monde ne soit qu'un calomniateur,
Même en disant aussi que quelque misérable
A pu seul inventer une chose semblable,
Je vous rappellerai la femme de César
Qu'accusait faussement un Romain de hasard;
Comme elle, — l'écrivain, plus que toute personne,
N'a même pas le droit qu'un coquin le soupçonne!
— Maintenant on pourrait, je crois, en quelques mots
Résumer votre vie avec tous vos travaux :
— Vous avez pris pour but un ministère en baisse,
Votre journal du soir comme une grosse caisse...

. . . .

. . . .

Le *Supplice*... à Dumas, — vos *Deux Sœurs*... à personne,
— Aussi l'on y dormait un peu, Dieu me pardonne!
Et vous avez crié, pour qu'on l'entendît bien :
« On peut me regarder, cela ne coûte rien! »

37

LES IMPURES.

— Et comme je voyais passer dans leurs voitures,
Le visage blanchi, ces noires créatures,
Je pensais que sans doute on leur jetait au front,
Le mépris, — si ce n'est — un éternel affront.
L'une blonde, un peu vieille, et singeant la noblesse;
— L'autre, — un regard de vierge, et cet œil qui caresse,
— Ne disant jamais : non ! — et chantant toujours : oui !
— Si bien que le passant en était ébloui.
— Une troisième enfin, rouge; tête de vache,
Visage laid, commun, — qui sous le fard se cache.
Bref, un trio parfait de noble impureté,
Deux vendaient leur laideur, — et l'autre sa beauté !
— Oh ! tous les acheteurs étaient contents ! — ces dames
Possédaient des talents qui séduisaient... les âmes,
Art de société, taxé trente louis, —
— Ou trente sous, — suivant la cote de Paris,
— La plus belle des trois jonglait sur un théâtre,
Fort peu de talent, mais des épaules d'albâtre,
Très-joueuse et perdant avec un beau ténor,
Les nuits qu'elle vendait pour en faire de l'or.
— Une Californie enfin, — mais qui se couche.
— La blonde, chaque soir, se torturait la bouche,
Elle appelait cela chanter. — O Malibran !

— La laide, travaillait les hommes dans le grand.
— Certes, on ne dira pas, que je vous fais sans cesse,
L'éloge du passé, — mais vraiment, je confesse
Que nos pères savaient choisir mieux leurs Ninons!
Peut-être, on me dira, que c'étaient des démons,
Soit : — mais, chacunle sait, le démon tient de l'ange;
Seulement, il n'a plus d'ailes, — ce qui le change.

. . . .

— Or, je trouve qu'au moins elles étaient choisies,
Celles qu'on appelait les grandes Aspasies!
— Elles avaient, sinon de l'honneur, — le talent,
D'avoir beaucoup d'esprit, et le cœur aussi grand.
Tandis que celles-là que nos crevés ont vierges,
Sortent, pour la plupart, de loges de concierges!
— O belles Marions, vous dont le front rêveur,
Apparaît quelquefois au poëte songeur,
Vous qui fîtes chanter de folles sérénades,
Lorsque le vent du soir courait sous les arcades,
Et que le bon bourgeois qu'on avait éveillé,
Sortait le front rageur, et l'œil ensommeillé!
— Ah! qu'est-il devenu ce beau temps de vos fêtes,
Où les riches donnaient à souper aux poëtes,
Qu'y venait retrouver, en robe de gala,
Sophie Arnould, sortant de chanter l'opéra!
— Maintenant! — Je deviens décidément morose :
Autrefois, — aujourd'hui, — c'est bien la même chose!
Car l'esprit ne fait rien à celle qui se vend!
Les filles d'aujourd'hui valent celles d'avant!
— Oh! comme le mépris doit déborder notre âme,
Quand nous voyons un homme acheter une femme!
Mépris, — bien plus pour lui, que pour elle, vraiment!
— Car, de cet homme-là, — qui n'est pas un amant,
Mais un chien, — un pourceau qui veut qu'on l'assouvisse,
Il lui faut supporter le plus petit caprice!

— Peut-elle dire : non ! — Alors qu'il a dit : oui !
Cet amour, est vraiment un supplice inouï !
— Mais l'homme ! Croyez-vous que, la brute apaisée,
Son cœur ne soit pas pris d'une affreuse pensée ?
— Un dégoût, — qui le ronge, — épouvantablement,
Tout écœuré qu'il est de cet accouplement !

38

LE MARI DE MADAME.

I

Hop ! hop ! entraînez-le rapides, dans sa course,
Cet homme ! — Il a de l'or souillé — tout plein sa bourse !
Galopez à travers la foule des piétons,
Hop ! hop ! — n'oubliez pas, dans votre élan sauvage,
O fiers chevaux anglais, dont on connaît les noms,
Que cet homme est un dieu, — le dieu du mariage !

— Certe, il a bien compris notre âge, celui-là.
Il a vu qu'à propos de vertus, — quand on a
Un palais rehaussé d'or, et de luxe immonde,
On a pleinement droit aux respects de ce monde !

Or, voici son histoire. — Il est musicien.
— Jadis, hors son archet, il ne possédait rien,
Et pour vivre, installait dans les Champs-Élysées,
Un splendide concert, d'où sortaient, par fusées,
Mille chants, — quand l'été ramène ses chaleurs,
Et qu'on erre, le soir, sous les arbres en fleurs !
Mais sa femme était belle. — Oh ! l'on peut être un drôle,
Un cuistre ; — de velours émailler sa parole,

Être bête, et sourire en voyant l'*Œil crevé;*
— En écoutant de loin crier Monsieur Hervé ;
— On peut n'avoir jamais su mettre l'orthographe,
Et s'y prendre à deux fois pour signer son paraphe,
Mais quand sa femme est belle, et drôlesse, au surplus,
Esprit, honneur, talent sont des biens superflus !

Oh ! comme il est heureux, ce drôle, qu'en ce monde,
On puisse rencontrer un homme assez immonde,
Un roi gonflé du sang des peuples écrasés,
Qui se fait assez d'or pour payer ses baisers !

— Or ce roi vit la femme, et l'aima. — L'on raconte,
Que le mari n'ayant jamais compris sa honte.
. . . .
. . . .
Pendant que le royal amant voyait sa femme,
Veillait dans le couloir à l'honneur de la dame,
Et sur son violon, égayant leurs plaisirs,
Faisait renaître ainsi leurs amoureux désirs,
Et que la nuit passée, il comptait sa recette,
— Comme compte un docteur chaque coup de lancette,
Et qu'il disait, voyant les trésors obtenus :
« Un peu d'honneur de moins,—mais trois chevaux de plus ! »

— Oh ! certe, il gagnait plus dans ces nuits embrasées,
Qu'avec mille concerts dans les Champs-Élysées.
Et pouvait dire encore à ses chers familiers,
Voulant dans ses faveurs ne pas être oubliés,
Coquins trente ans pourris dans la fange terrestre :
« Jusqu'à la fin, messieurs, j'ai conduit mon orchestre ! »

II

— C'est une tâche noble et sublime, je crois,
Que de prendre ces gens et de les mettre en croix ;
De leur graver au front l'empreinte ineffaçable,
Que le poëte met au front de tout coupable,
Et de les torturer, bien en face, sans peur,
— Ces coquins engraissés par l'or du déshonneur !

Oh ! comme je regrette, apôtre de vengeance,
D'être un pauvre inconnu, sans nom et sans puissance,
Oh ! comme je voudrais être plus qu'un enfant,
Et les stigmatiser tous, — en les étouffant !

Juvénal, ô mon maître ! ô toi que l'on admire,
O toi, qui déchiras du fouet de ta satire,
Tant de coquins heureux, qui la coupe à la main,
S'asseyaient au repas du déshonneur romain,
Juvénal, s'il est vrai, qu'après ce monde, on reste
Ame vaste, au milieu de l'espace céleste,
Sur mon front de vingt ans, penche ton front blanchi,
Et dis ce que tu fis pour n'avoir pas fléchi !
Car par moment, je sens que la crainte m'empoigne,
Quand m'arrêtant soudain dans ma sombre besogne,
J'entends crier de loin ces gens qui me diront,
Qu'une effrayante envie a germé sous mon front !

III

Vraiment, je suis bien bon, de trembler de la sorte.
La haine de ces gens, par Jésus, peu m'importe !
Si les honnêtes gens me défendent de loin,
D'autre approbation, je n'aurai pas besoin.

IV

Savez-vous ce qu'il fait, à présent? — L'écurie
Est pleine de chevaux, payés par l'infamie :
Il habite un palais, où l'or est répandu,
Payant, tant le carré, l'honneur qu'il a perdu !
Il porte des habits de la plus fine soie,
Le monde lui sourit, et Dieu le tient en joie !
Bien plus même, cet homme a des amis ! — Il a
Des amis au salon, au boudoir, celui-là,
Plus souvent, par exemple, à son dîner infâme,
Et même dans la chambre à coucher de sa femme !
Quand il sort, le bourgeois dit, le voyant passer :
« Qu'il est riche ! » et quand Dieu le fera trépasser
Un prêtre saint, payé par l'or... de la musique,
Ira dans sa maison porter le viatique,
Et le corps de Jésus, — pain sublime et sacré,
Sanctifiera ce cœur trente ans déshonoré !

Vrai, je sens le dégoût qui me prend à la gorge !

— Va, va, pauvre ouvrier, travaille dans ta forge !
Taille le bois, ou creuse un sillon nourrissant,

Arrose ton labeur de ta sueur, de sang,
Travaille, sot, travaille, homme, travaille, ilote,
Garde à l'honnêteté ta droiture idiote,
Fais marcher le progrès, ô noble apôtre obscur,
Dans ta maison où brille à peine, un coin d'azur!
Sois honnête, — et quand Dieu t'enlèvera la vie,
Toi dont le cœur viril n'a pas connu l'envie,
Toi qui fus un grand homme inconnu dont on rit,
Toi dont un peuple entier, s'engraisse et se nourrit,
On t'ensevelira, quelque part, à la brune,
Dans l'ossuaire affreux de la fosse commune!

CONFITEOR.

A GABRIEL LAFAILLE.

— Tout passe : la grandeur, la jeunesse et l'amour :
Météores d'une heure, ou triomphes d'un jour,
Comme des brouillards gris qu'au matin le ciel chasse,
Dans l'ombre et le néant de l'avenir, — tout passe, —
— Seul, terrible et muet, dans son palais en feu,
Reste, le grand esprit, l'âme sublime, — Dieu !
Oui, le Dieu qui voit tout, — les enfants et les mères,
Les peuples et les rois, — idoles éphémères, —
Les gens heureux, les bons, les méchants et les fous,
Grands et petits, courbés et désespérés tous.
— Autrefois Bonaparte; et puis Bourbon : ensuite,
Comme un aigle traînant un vautour à sa suite,
Les Orléans, la race éternelle au cœur fier,
Qu'on outrage aujourd'hui, — qu'on admirait hier :
Le lion de la France, et notre espoir sublime, —
— La honte après l'amour, — la gloire avant le crime.
— Hier, Hugo, Barbier, Lamartine et Musset,
Aujourd'hui des forçats, — et demain? — qui le sait !
Tout passe ! — je croyais à la séve puissante,
De tous ces jeunes gens que notre siècle enfante,
Je croyais que plus tard, demain, après-demain,
On verrait se lever se tenant par la main,

La génération que le monde voit luire...
Je croyais que du doigt Dieu viendrait nous conduire,
Vers le temple éternel où dort dans son orgueil
La liberté chassée et proscrite du seuil !
— Mais je m'étais trompé. — L'heure est bien loin encore,
Où dans nos nuits sans flamme apparaîtra l'aurore !
L'heure est loin, où la France écoutera les voix
Qui lui chantent tout haut les leçons d'autrefois !
— On ne croit plus à rien, — et je me désespère,
Car sans la foi, l'amour, l'espoir et la prière,
Tout est creux, tout est vide, et l'on ne trouve plus,
Que des bonheurs tombés sous des pleurs superflus !
— O doute affreux ! — Pourquoi t'es-tu levé, poëte,
Pourquoi, quand, honte au cœur, tous inclinaient la tête,
Paria de la gloire, as-tu donc relevé
Le front pour les maudire, — après qu'on t'a bravé?
— Dis-moi, — que te faisaient ces hommes que tu frappes,
Quand du monde flétri, l'âme en feu tu t'échappes,
Pour lancer à la face immonde qu'on voit là
Des malédictions que nul n'écoutera !
— Comptes-tu sur la gloire, — ô toi que l'on évite?
Elle a d'autres amants courant à sa poursuite?
Bien d'autres l'ont suivie et la suivent encor...
Ton cuivre n'est pas fait pour sa couronne d'or !
— Pourquoi donc, — à genoux devant les grands poëtes,
Juvénal et Hugo, fortes et vastes têtes
— As-tu saisi le fouet sanglant pour en marquer
Tous ceux qu'on voit mentir, se vendre ou se moquer?
— Que t'avait fait About, Mirès, Prim et les autres?
Le sais-tu seulement? — pendant que tu vautres?
Dans la honte et la fange où tu vas les chercher?
— Quel besoin ton courroux a-t-il de s'épancher,
Pour qu'enfant, né d'hier, sans respect et sans larmes,
Tu prennes dans ta main, la lyre aux fortes armes,
Pour maudire, et sur eux rester fier et debout?

— Va, c'est ne croire à rien que de maudire tout!
— Tu trouveras des gens qui crieront au scandale,
Pour avoir sur leur front essuyé ta sandale,
Tu trouveras des gens qui ne pardonnent point,
Et dont, un jour venu, tu peux avoir besoin!
Que te restera-t-il, à toi, pauvre poëte,
Qui t'es fait un devoir d'interrompre leur fête,
En mettant sur le vice errant incognito,
Ta satire à la main, un terrible écriteau!
Que te restera-t-il alors? — Ta conscience?
— On te dira payé pour troubler le silence.
On t'insultera : — tous se lèveront pour voir,
Paraître ton front pâle au fond de leur miroir,
Et dire en te montrant à la foule éperdue,
Ce n'est pas un enfant, — c'est une âme vendue!
— Et qui te défendra? — Tes amis? Pauvre fou!
Mais le bourreau tiendrait sa hache sur ton cou,
Et tes amis n'auraient qu'à lever la main droite
Pour retenir le fer dans sa rainure étroite,
Et te sauver de près en l'arrêtant de loin,
Que, sans honte et remords, ils ne le feraient point!
— Tu restes donc tout seul armé pour te défendre :
Mais qui sait si la foule alors voudra t'entendre?
Qui sait si quelqu'un d'eux en riant n'accourra
Pour dire : « On ne doit point écouter ces gens-là! »
— Crois-moi, reste tranquille et calme dans ton ombre,
Crains le jour effrayant et fuis son éclat sombre,
Et comme tu l'as dit, reste, — ô pauvre insulté, —
Calme dans ton orgueil et ta sérénité!

— Non! non! ce serait lâche! et j'ai l'âme trop fière :
Autour de moi c'est l'ombre et je veux la lumière.
La lutte, je l'accepte et je la soutiendrai,
Me fallut-il mourir seul et désespéré;
Me fallut-il tomber sur le champ de bataille,

Sans avoir pris encor une armure à ma taille.
Comme fit autrefois Cynégire, ma main,
Demeurera clouée au front du genre humain,
Jusqu'à ce que l'insulte, épouvantable et lâche,
Vienne pour la couper d'un revers de sa hache!
— Jusqu'au bout, je ferai mon devoir sans faiblir,
Dussé-je sous l'insulte et la haine pâlir,
Et je dirai, le front haut, l'âme toujours forte,
Comme les condamnés en entr'ouvrant la porte
De l'arène, où tout Rome accourait pour hurler :
« César, les moribonds viennent te saluer! »

— Oui, je te saluerai, siècle étrange et sublime,
Aussi grand par l'honneur qu'infâme par le crime,
Tour à tour grand penseur et grand galérien,
Age d'or pour le mal et de fer pour le bien!
Mais je veux conserver, fier de ma solitude,
Le droit de démasquer toute ta turpitude!
— Quand l'aigle en traversant les régions des cieux,
Voit luire à l'horizon le soleil radieux,
Fixant son œil tranquille et fier sur l'astre immense,
Il reste, aile étendue, et fort de sa puissance.
L'univers disparaît : il n'entend rien : — d'en bas,
Montent comme des bruits qu'il ne distingue pas,
Tandis que çà et là les pâtres dans la plaine,
Lancent au roi de l'air leurs cris de fureur vaine,
Le fleuve suit son cours rapide en mugissant,
Qui mène ses flots verts à l'abîme océan,
L'oiseau chante, le pré fleurit, la fleur se penche,
— L'aigle, seul, immobile en l'immensité blanche,
Demeure suspendu comme si rien n'était,
Entre le sol qui parle et le ciel qui se tait,
Et méprisant le monde et sa voix ridicule,
Regarde fixement ce soleil qui le brûle! —
— L'aigle c'est le poëte, — un géant insulté,

Le soleil, l'immuable et grande vérité;
Comme l'aigle, il est là, calme en sa paix profonde,
Tant que la Vérité n'apparaît pas au monde,
Que lui font donc l'insulte ou quelques cris encor?
Il fait baisser les yeux au soleil, — et s'endort,

LIVRE TROISIÈME

L'AMOUR

40

A ERNEST LAVIGNE.

I

Un jour, dans le ciel étoilé,
Voyant l'humanité vaincue,
Pour que l'homme fût consolé
Un ange prit une statue.

— Il lui donna le front superbe
L'âme de fer, le cœur ardent,
Et se tournant vers Dieu, le Verbe,
Il dit : Seigneur es-tu content?

II

Un autre, au ciseau plus habile,
Pétrit la terre dans sa main,

Et de son immortelle argile,
Il fit sortir un être humain.

— Il couronna son front de lierre,
En ses mains il mit un luth blanc,
Et se tournant vers Dieu le Père,
Il dit : « Seigneur es-tu content? »

III

— Or l'être créé le premier,
Était un soldat, fils d'un ange :
— Il fut l'emblème du guerrier
Qui se défend et qui se venge.

— Le second, — celui qui portait
Une couronne sur la tête,
— L'ange divin qui l'avait fait
Lui donna le nom de poëte.

IV

— Alors, les jetant sur la terre,
Les deux anges dirent : « Allez ! »
— Par le luth et la main guerrière
Les hommes furent consolés ! !

— Mais comme ils raillaient la justice,
Dieu prit de l'argile à son tour,
Et créa pour punir le vice,
Un être qu'il nomma : « L'amour ! »

41

PENDANT UN DINER.

I

« Allons, allons, — BOUFFON, — chante encor ! fais-nous rire,
» Toi qui parles si bien, fais donc briller ta voix !
» Que diable ! sois plus gai, si tu veux qu'on t'admire...
» — BOUFFON, l'ennui nous gagne : un récit d'autrefois !... »

II

« — Saute, beau SALTIMBANQUE, et bondis sur la corde !
» Lâche ton balancier qui te gêne à moitié,
» Lance-toi dans l'espace afin que l'on t'accorde
» Un applaudissement tenu de la pitié !

III

Celui qu'on appelait un bouffon saltimbanque
C'était un poëte. — Ah ! vraiment rien ne lui manque
Pour être ridicule et stupide en tout lieu
Le niais fait des vers, — et son cœur croit en Dieu !

12

— Et comme lui souffrait en recevant l'insulte
Qui frappait sans pitié la muse, — son doux culte,
Comme il se sentait triste et pleurait en dedans,
Une voix qui sortait du fond des cieux ardents,
— Voix sublime, — accent noble et surnaturel, — comme
Un éclair, — lui dit : « Je te bénis, jeune homme! »

IV

Près du jeune poëte, — ils étaient là, plusieurs, —
— Puis celle qu'il aimait, du fond de sa souffrance,
Assise à son côté ; — femme aux yeux bleus rêveurs,
Qui regardaient, pensifs, les autres, en silence.
— « Peut-être pourrait-elle un jour m'aimer? — Qui sait!
Elle! mon seul amour, mon espoir, ma conquête...
— Soudain, la jeune femme, alors qu'on se taisait,
Dit tout haut : « — Ote-toi de là, chien de poëte! »

V

Pour d'autres il était un PITRE, — un BOUFFON, — rien!
Pour elle? Dieu puissant! — C'était bien plus! Un CHIEN!

42

AUTREFOIS.

I

Princesse, — marquise, — et comtesse : — toutes trois
Charmantes, — d'un grand nom, — qu'on citait autrefois
— Sous Boleslas premier, Empereur d'Allemagne,
Frère du grand vainqueur des peuples, Charlemagne, —
Comme les trois beautés à la mode. —
— C'étaient
De celles qu'Épicure ou de Parny rêvaient,
Tenant de Paul de Kock par le côté vulgaire, —
— Somme toute, sachant fort bien que sur la terre,
Quand on est riche, — et qu'on a sa place à la cour,
Sans se déshonorer on peut faire l'amour.
— Comme elles le faisaient, aussi ! —
— C'étaient sans cesse,
Des intrigues,— des duels,— des soupers pleins d'ivresse !—
— On en sortait la robe un peu frippée, — aussi
Si l'on eût demandé quelque beau jour au diable,
Celles qu'il eût voulu pour embellir sa table,
Sans nul doute, il aurait répondu : — Celles-ci ! —
— La marquise, des trois, était la plus charmante :
— Jolie, — avec un air mutin, — un air qui tente, —

Blonde comme notre mère Ève, — et sachant de plus
Couvrir ses passions de cent mille vertus.
— La comtesse était belle. — On eût dit la figure
Des vierges que Sanzio Raphaël transfigure,
— Un front rêveur, — qu'ombrage un rayon de cheveux,
Bref, à damner un saint, même au plus haut des cieux.
— Mais la reine, c'était la princesse. —
— La tête
Fortement accusée et la lèvre carmin,
— Étrange, — souvent rude, — à charmer un poëte,
Qui se plaît à chanter sur la corde d'airain.
— Certes les beaux rêveurs sur la verte prairie,
N'auraient pas remarqué cette tête maigrie
Qui lançait par instants des regards enflammés,
Comme pour vous maudire ou pour vous dire : « Aimez! »
— Mais celui qui se plaît au feu de la bataille,
Le poëte, qui sent que son cœur est de fer,
Et qui voudrait choisir une femme à sa taille,
— Un esprit de démon, — avec un grand œil vert, —
— Celui-là l'aimerait.

II

Je vous ai dit, sans doute,
Qu'elles aimaient beaucoup l'amour, — même grossier, —
Et qu'elles l'ont souvent raccroché sur la route, —
— Que voulez-vous, on vit, — pour ne pas s'ennuyer, —
Mais si je vous disais toutes les turpitudes,
Dont ces femmes avaient fait de grandes études, —
— Si je vous racontais les furieux désirs,
Dont elles aimaient tant à semer leurs plaisirs,
Si, pour vous, je levais le voile de l'histoire, —
— Je suis sûr que jamais on ne voudrait me croire!

— Et pourtant! —
— La comtesse aimait à ressembler,
Aux femmes qu'on achète, et que l'on fait trembler,
Au coin d'un carrefour où l'ombre se projette,
En leur montrant du doigt la police qui guette. —
— La marquise savait bien placer son amour,
Qu'elle faisait payer souvent, — au taux du jour, —
— La princesse, elle, — aimait mieux...

. . . .

. . . .

Sarah la cantatrice en racontait de belles! —

III

Et vous croyez peut-être en lisant ce portrait,
Qu'on ne les voyait pas ou qu'on les méprisait?
— Pauvres gens! — Quand on a de l'or tout plein son coffre?
On peut toujours trouver un benêt qui vous offre
Son estime et son nom pour couvrir ses amours! —
— Ici-bas, le respect s'achètera toujours!
— Maudites soyez-vous, grandes femmes tombées,
Dans le fossé hideux des vices embourbées;
— Maudites soyez-vous, ô femmes sans pudeur,
Qui voliez le respect, l'amour et la grandeur!
— Si moi j'avais vécu dans votre temps infâme,
J'aurais dit : Chapeau bas devant l'honnête femme!
Mais si nous rencontrons sur l'aride chemin,
Où les hommes s'en vont, en se tenant la main,
Quelqu'une des Laïs, immondes créatures,
Qui portent des blasons aux panneaux des voitures, —
— Au lieu de nous jeter bassement à genoux,
Quand elles passeront, messieurs, — recouvrons-nous!

43

MAGDELEINE.

A ROBERT COURTAUX.

> Jésus, ce que tu fis, qui jamais le fera?
> Nous, vieillards, nés d'hier, qui nous rajeunira?
>
> A. DE MUSSET.

Je l'ai connue enfant, pudique et vierge encore,
Et ses traits dans mon cœur seront fixés longtemps!
Comme un rayon doré qui devance l'aurore,
Ses cheveux ruisselaient sur son corps de seize ans!

Et sa lèvre, où flottait toujours un doux sourire,
Ressemblait à la rose au milieu des buissons
Qui s'ouvrant le matin aux baisers du zéphire,
Respire les parfums des bois et des vallons!

Elle allait dans les prés, tressant de longues gerbes,
Des fleurs et des bluets cueillis en folâtrant,
Ou parant ses cheveux de mille touffes d'herbes,
Qui formaient sur son front comme un voile flottant.

Souvent je l'entendais, à l'ombre du vieux saule,
Rieuse et douce enfant, chanter son gai refrain
Au mouton qui dormait, penché sur son épaule,
Et qu'elle caressait avec sa blanche main.

Puis le soir, quand venait l'ombre sur le grand chêne,
Et qu'au loin s'éteignaient les derniers feux du jour,
Les laboureurs disaient : « C'est l'heure du retour...
» Nous entendons là-bas la voix de Magdeleine ! »

Je l'ai connue à l'âge où l'enfant devient femme,
Alors que le cœur chante un refrain du printemps,
Mais déjà Magdeleine avait vendu son âme,
La chaste vierge était courtisane, — à vingt ans !

Mais non ! n'insultons pas la femme qui succombe,
Car Magdeleine un jour sentit qu'elle avait faim :
Ceux qu'elle avait aimés reposaient dans la tombe,
Elle était seule au monde et n'avait plus de pain !

Alors, elle écouta la voix de la souffrance,
Ce cri du déshonneur engendré par Satan
Qui murmure tout bas : « Tu n'as plus d'espérance
» Et tu n'as plus d'amis... mais ta vertu se vend ! »

Bientôt le noir torrent de honte et d'infamie
L'engouffra dans ses flots comme dans un cercueil,
Et le blanc chérubin, qui protégeait sa vie,
Voila son front sacré d'un long crêpe de deuil !

Je l'ai revue un soir, pâle, défigurée,
Son œil morne et flétri s'éteignait chaque jour,
Magdeleine mourait seule désespérée,
Sans réchauffer son cœur au doux feu de l'amour !

De cet amour permis qu'en un jour de clémence
A l'homme Dieu donna par un présent divin,
De cet amour plus grand encor que l'espérance,
Car l'homme avec l'amour ne désire plus rien !

Quand je vins en pleurant à sa couche mortelle,
Elle me reconnut pour l'ami d'autrefois,
Quand elle était encore aussi pure, aussi belle,
Que la fleur du printemps qui naît au fond des bois!

Un pâle et doux sourire éclaira sa figure,
Je sentis tout mon corps trembler, rien qu'à la voir,
Car sur son front brillait la flamme sainte et pure,
De pardon et d'oubli, de bonheur et d'espoir,

Elle mourut, collant sa lèvre sur la mienne...
Et son corps aujourd'hui, dans le champ du repos,
Sommeille enseveli sous l'arbre des tombeaux...
Repose en paix, Magdeleine!

44

A Mme CH***.

— Heureux qui n'aime pas et qui n'est pas aimé !
Il n'aura pas vidé les pleurs jusqu'à la lie ;
— Car pour quiconque pleure en espoir consumé,
« La femme est un poison qu'on boit toute la vie ! »

En écoutant l'oiseau qui chante en liberté,
On pense à l'avenir recouvert de longs voiles...
En regardant le ciel tout scintillant d'étoiles
On songe à l'immortalité ;

On rêve « chasteté » lorsque tombe la neige :
— Sourire et poésie en voyant une fleur...
Pourquoi donc l'amour seul fait-il pleurer ?
— Le sais-je !
— C'est qu'en voyant la femme on pense à la douleur !

45

SOURIRE DE FEMME.

A ANSELME LÉON.

Imagine-toi quelque chose
De fantastique et de charmant, —
Et pour ainsi dire, — une rose
En héroïne de roman !

Une Picciola féminine
Où le poëte a pour rêver,
Sous une enveloppe enfantine,
Un cœur qu'on ne peut pas trouver !

Car c'est bien vrai : — jamais la femme
N'a su comprendre la douleur :
— La vanité, — voilà son âme,
— Son esprit a tué son cœur.

— Et cependant, comme la rose
Qui dort au lever du soleil,
Tout au fond elle a quelque chose
De délicat et de vermeil.

— Une chose incompréhensible
Que nul ne saurait définir,
Où le doux se mêle au terrible,
Qu'on aime, — et qu'on voudrait haïr !

— Un mélange de raillerie
Et de froide méchanceté, —
— Le drame après la comédie,
L'amour après la cruauté !...

— Mais bah ! — Qu'importe qu'elle mente !
Qu'importe un mensonge de plus !
— Souris encor lèvre charmante,
Souvenirs de bonheurs perdus !

— Souris, pour égayer le drame
Où bâille mon pauvre être un peu...
— Car le sourire est à la femme
Ce que les anges sont à Dieu !

46

A D. DE M***.

Ainsi qu'un oiseau de passage
Qui vole à travers le ciel bleu,
Dans votre Espagne je voyage
En poëte, enfant du bon Dieu.

— Tout droit je poursuivais ma route,
Sans m'occuper du lendemain,
Et les anges m'ont fait sans doute
Vous rencontrer sur mon chemin.

Je vous ai vue, et tout de suite.
J'ai senti que je vous aimais...
— Si vous ne m'aimez pas si vite,
Au moins ne dites pas « jamais! »

Laissez-moi croire que peut-être
Vous m'aimerez un peu plus tard,
Quand vous aurez pu me connaître...
L'Amour vient toujours au hasard!

— Mon cœur aurait aimé le vôtre,
Mais ils ne se connaîtront pas,
Nous allons vivre loin de l'autre,
— Vous au midi, — moi..... tout là-bas!

C'est ainsi que va l'existence !
— On s'aime, — on se quitte... — Tant pis !...
A vous l'Espagne, — à moi la France,
— Barcelone est loin de Paris.

47

CREDO.

A GABRIEL CHAPELON-GRASSET.

Entendez-vous la voix du siècle qui répète :
« La poésie est morte et ne renaîtra plus !
» Le gazon a couvert la tombe du poëte,
» Que faire désormais, de chantres superflus ! »

Que ne dites-vous pas, insensés, que la terre
Est plus barbare encor qu'aux âges d'autrefois,
Que l'homme est sans souffrance et le ciel sans prière
Ou que tout a vécu pour la dernière fois ?

Parce que tout est mort dans votre âme flétrie,
Et qu'il n'y reste rien d'innocent et de beau ;
Qu'au vent des passions votre chair s'est meurtrie,
Pourquoi nous condamner, nous autres, au tombeau ?

La poésie est morte ? Ah ! Dieu la fit trop belle
Pour la laisser mourir étouffée en vos bras...
Un poëte l'a dit : « Cette langue immortelle
Quand on ne l'aime plus, c'est qu'on ne l'entend pas ! »

Ah ! c'est que le poëte est né pour la souffrance,
Pour les ambitions nobles, — et pour les pleurs,

Oubliant que jusqu'à la mort, — dès sa naissance
Les grandes passions font les grandes douleurs !

Et cet homme qui souffre en proie à la torture,
On le raille, on l'insulte, — ô blasphème éternel ! —
On le traîne vivant sur une claie impure,
Le sourire à la lèvre, — et le regard au ciel !

Et si cet homme un jour, veut chanter son martyre,
Si son cœur est trop plein des outrages reçus,
Une voix de démon brise en ses mains la lyre...
« La poésie est morte et ne renaîtra plus ! »

C'est leur refrain à tous; chacun d'eux le répète !
— Les fous ! — La poésie est sœur de la douleur,
Et tout homme qui souffre et pleure est un poëte ;
Chaque larme est un vers, chaque poëme un cœur.

Je plains moins le bandit captif dans les galères,
Je plains moins l'orphelin de qui nul n'a pitié,
Moins la fille publique au corps rongé d'ulcères,
Moins l'âme sans amour, le cœur sans amitié,

Tout ce que l'univers renferme dans son gouffre
D'infortunés suant des larmes de damné,
Je les plains moins encor qu'un poëte qui souffre,
Et vit pur, au milieu d'un monde gangrené.

48

LE RÊVE.

Ballade.

A MAURICE DELARUE.

Je me sens d'une gaîté folle,
Et je ris presque, ma parole,
Pour un peu plus je chanterais.
Quand hier je m'endormis en larmes
Qui m'eût dit, qu'oubliant ses charmes
Si gaîment je m'éveillerais.

C'est que je viens de faire un rêve!
J'attends que le songe s'achève
Pour souffrir et pleurer encor...
En attendant, fêtons sans cesse
L'amour, la joie et la tendresse...
On ne rit plus quand on est mort!

Oui, mon ami, je crois, j'espère...
Si mon bonheur est éphémère
Qu'au moins je le goûte en entier.
Pendant que j'y suis, je commence,
A te dire tant que j'y pense,
Ce que je fis ce jour dernier,

J'étais avec Elle à la brune
Dans un bois doré par la lune
Et les derniers rayons du jour...
Nous étions couchés sur la mousse.
L'air était pur, la chaleur douce
Et nous parlions de notre amour !

Je mis ma lèvre sur les siennes
Pour mieux lui raconter mes peines...
Elle m'avait fait tant souffrir !
Et je lui murmurais sans cesse
Ces mots qu'on dit avec ivresse :
« Je t'aime, je t'aime à mourir ! »

Elle sourit ! ! Fi, la méchante
Qui par de beaux discours me tente
Et puis après se rit de moi !
Recommençons encor, ma belle,
A chanter la chanson nouvelle
De l'amour qui m'unit à toi.

Je t'avais si longtemps aimée !
Un an mon âme consumée
Avait souffert pour ses beaux yeux;
Elle, ne sachant pas qu'une heure
De son amour, était un leurre
Qui seul eût pu me rendre heureux !

Je l'embrassais avec folie
Cet ange, l'amour de ma vie
Que j'avais rêvé si longtemps...
Un peu plus loin finit l'histoire;
Que veux-tu, la nuit était noire
J'aimais... et j'avais dix-huit ans !

Hélas ! tout cela n'est qu'un songe !
Mon doux rêve était un mensonge
Aux rayons du jour envolé :
J'étais toujours seul sur la terre
Seul avec ma tristesse amère
Et mon pauvre cœur désolé ! !

. . . .

. . . .

Je suis d'une tristesse folle,
Et je souffre bien, ma parole,
Pour un peu plus je pleurerais.
Quand hier je m'endormis en larmes
Je savais bien que pour ses charmes
En souffrant je m'éveillerais !

49

RÊVERIE.

A M***.

Quand l'esprit se rapporte au passé, quel qu'il soit,
On sent comme un frisson traverser tout son être,
Le temps auquel on songe, et que seul le cœur voit,
S'il s'est évanoui, ne peut-il pas renaître?
— C'est ce que tout à l'heure à part moi, je pensais,
Pourquoi donc le passé ne revient-il jamais ?
Pourquoi faut-il souvent renoncer à ces heures,
Où, tout bas, une amie en vous disant : Tu pleures!
Buvait dans un baiser ces larmes d'un seul jour,
Mystères de bonheur ou mystères d'amour?
Or j'ai fait un roman, — un roman poétique.
— Un roman, direz-vous? — Quelle mouche vous pique? —
— Attendez, un instant, mon amie, et plus tard
Quand vous verrez comment advint un tel hasard,
Vous vous demanderez quelle en est l'héroïne...
— Je suis sûr que déjà votre cœur la devine...

. . . .

. . . .

Il faudrait, pour tracer un portrait digne d'elle,
Qu'un archange arrachât une plume à son aile.
Mais comment faire, hélas, — car je ne suis pas sûr,
D'avoir un seul ami dans le palais d'azur.

Cependant, je me risque, et je vais faire en sorte
Que vous ne jetiez pas mon portrait à la porte.
— Ici, — mille pardons, — j'ouvre une parenthèse,
D'abord parce que cela va me mettre à mon aise,
Ensuite parce que je n'aime rien autant,
Qu'écrire avec mon cœur quelques vers lentement.
— Or si je me pressais, vous devez le comprendre,
Madame, vous n'auriez bientôt plus à m'entendre.
— Donc je vous avouerai que j'aime énormément,
Assis auprès du feu, me chauffer en rêvant.
Je vois autour de moi voler des myriades
De femmes de tout genre, — ondines et naïades,
Déesses au teint brun, palpitantes d'amour,
Comme celles, Musset, que vous chantiez un jour,
Et toutes, excitant ma paupière affaiblie,
Font briller devant moi l'éclat de leur furie.
— L'essaim part, — se redresse en souriant, — revient,
S'éloigne encor, — bondit, s'envole, — et puis, — plus rien !
— Pardon, je me trompais.
La troupe fugitive
A laissé derrière elle une ombre, — peu naïve ;
Je la vois près de moi, brillante de beauté,
Et quelque chose au moins de mon rêve est resté.
— Celle-là, voyez-vous, c'est toujours la plus belle,
Elle a je ne sais quoi de plus charmant en elle.
— Un rien, — mais c'est aussi, sans paraître beaucoup,
Un de ces riens charmants qui plaisent plus que tout.
— L'histoire, n'est-ce pas, vous semble un peu niaise?
— Mais n'importe : à présent, fermons la parenthèse.
— Nous en étions restés au moment où mon feu,
M'invite en pétillant à rêvasser un peu.
Comme à leur ordinaire, autour de moi, les ombres,
Sortirent de la flamme en escadrons sans nombres,
Pour s'effacer bientôt dans un long voile d'or.
— Elles n'étaient plus là que j'espérais encor,

Aussitôt je cherchai dans un coin la plus belle,
Celle qui de tous temps avait été fidèle ; —
— Mais, — ô bonheur ! — c'était... réfléchissez...
— Mes rêves étaient donc enfin réalisés !
Celle que je cherchais et que j'avais perdue,
Celle que si longtemps j'avais tant attendue,
Elle était là ;... ses traits, — j'hésite en le disant,
Vous ressemblaient en tout... visage séduisant,
Deux grands yeux que dorait la flamme intérieure,
Et ce rien, dont, tout bas, j'ai parlé tout à l'heure.
— Alors, je m'avançai près d'elle, l'œil baissé,
« Voulez-vous avec moi retourner au passé,
» Murmurai-je tout bas ? — L'âme a de la mémoire !
» Si le présent n'est rien, et si la nuit est noire,
» Voulez-vous avec moi remonter le ruisseau,
» Où chaque fleur cachée en un pâle rideau,
» Porte un nom si charmant, qu'un terrestre langage,
» N'en pourrait, même en vers, rendre la douce image ?
» La barque, où l'on est deux, n'a pas de batelier,
» Et l'on n'a qu'une chose à se dire : oublier !
» Oublier que le monde est là qui nous appelle,
» Que la vie a souvent bien fait mal parler d'elle,
» Que les hommes toujours plus méchants qu'il ne faut,
» Viendront à ce bonheur vous arracher bientôt,
» Oublier qu'ici-bas le mal vient de lui-même,
» Enfin oublier tout, — excepté que l'on s'aime. »
— Puis lorsque j'eus fini de parler en tremblant,
Je la vis sur mon front incliner son front blanc,
Et le Domino bleu, — c'est ainsi qu'on l'appelle,
Me dit en souriant...

— Que me répondit-elle ?

50

DIEU.

A JULES GUÉRIN.

— Quand l'étoile du soir au firmament scintille,
J'aime à venir rêver près du vaste Océan,
Je pense alors à Dieu dont le nom partout brille,
Seul devant l'univers, — seul devant le néant...

Et lorsque je suis là presque isolé de terre,
Des deux grands mots de l'homme : Amour et liberté,
— Je n'en fais plus qu'un seul, — insondable mystère, —
— L'immensité partout, — partout l'immensité !

Le nom de Dieu partout a fait marquer sa trace,
Partout il est vivant, — partout le nom de DIEU !...
Le phosphore des mers à nos yeux le retrace,
— Comme un poëme immense écrit en vers de feu !

. . . .
. . . .

— De la brise du soir la vague se parfume,
Déjà, l'algue soupire un nocturne refrain,
— Et l'alcyon pensif en son nid blanc d'écume
Se balance en rêvant jusqu'aux feux du matin...

. . . .

51

FRAGMENT.

. . . . On m'a dit une histoire,
Jadis, — qui me revient souvent à la mémoire.
— Dans les Indes, l'amour et la mort sont jumeaux,
Les poëtes en font deux anges blonds et beaux,
Et souvent l'étranger qui vient des hautes terres,
Se dit en les voyant jouer : ce sont deux frères.
— Un matin, fatigués, à l'ombre d'un grand bois
Ils s'étendirent. — Près d'eux leurs légers carquois
Remplis de flèches d'or s'appuyaient sur la mousse...
— Ils dormirent longtemps car leur couche était douce.
— Le temps passa : tous deux rêvaient : et du ciel bleu
Tombait sur leur sommeil un sourire de Dieu.
— Quelques instants après un tigre au beau pelage
Rugit à quelques pas, dans la forêt sauvage :
— Il approchait déjà près des pauvres enfants,
— Ceux-ci veulent s'enfuir, — mais de leurs bras tremblants,
Les deux petits carquois sur la mousse tombèrent,
Et les flèches en or ensemble se mêlèrent.
— Ils voulurent après les séparer : — en vain :
Toutes se ressemblaient. — Alors dans chaque main
Ils en firent deux tas, chacun du même nombre,
Et fuirent en courant au milieu du bois sombre.
On vit depuis ce temps, et maintenant encor,
Les flèches de l'amour, donner souvent la mort!

AU LECTEUR.

Ma tâche est terminée enfin, ami lecteur,
Qui que tu sois, jeune homme, ou père de famille ; —
— Surtout, ne va dire avec un ris moqueur :
« — Encore un qui nous parle en vers de pacotille ! — »

— Tu peux penser de moi tout ce que tu voudras :
Je ne suis qu'un enfant qui ne fait que de naître,
Et dans ces quelques vers qu'en passant tu liras,
L'ennui qui fait dormir t'assaillira peut-être.

Peu m'importe ! — Je n'ai pas la prétention
D'être quelqu'un. — Je laisse à d'autres, — mes confrères, —
Le bonheur d'avoir d'eux très-bonne opinion,
— Moi, l'orgueil et l'esprit ne sont pas mes affaires.

— Quelques-uns te diront, s'ils le daignent pourtant,
Que si j'ai fait ces vers, c'est dans un but infâme, —
Ou bien, que je n'ai rien, ni pudeur, — ni talent,
Talent, — je ne dis pas : — mais pudeur, — je réclame !

— Quoi vaut mieux ? — De se taire et de baisser le front,
Lorsque passe sur nous le vent de la tempête,

Et de supporter tout, outrage, insulte, affront, —
— Ou le cœur indigné de relever la tête?

— Tu l'auras vu, je n'ai pas de faux parti pris :
Je dis ce que je vois dans le siècle où nous sommes :
Si je ne juge rien, n'en sois pas trop surpris, —
— Ce n'est pas à vingt ans qu'on peut juger les hommes.

Mais je n'ai pas voulu m'avilir à ce point
D'insulter ceux qui tombés blessés à terre,
J'ai parlé des puissants qui ne me craignent point,
Mais j'ai baissé le front devant toute misère.

Comme un maître (1) disait hier dans *Figaro*,
L'homme doit respecter la majesté tombée,
— Contre ceux qui sont forts on peut crier : « Haro! »
Mais saluons de loin, la force succombée!

— Aussi n'ai-je attaqué que les forts. — J'en suis fier.
Ceux-là savent toujours le parti qu'on peut prendre,
On peut bien se choquer contre le pot de fer,
— Mais, — respect à celui qui ne peut se défendre!

(1) Voir le *Figaro* du 19 octobre : Vainqueurs et vaincus de la révolution espagnole, par M. B. Jouvin.

Paris, le 22 mars 1869.

FIN.

www.ingramcontent.com/pod-product-compliance
Ingram Content Group UK Ltd.
Pitfield, Milton Keynes, MK11 3LW, UK
UKHW012220240726
13966UKWH00003B/864

9 782013 090735